MARISA **PIÑEIRO**
MENTORING INMERSIVO

LIDERAZGO SE ESCRIBE CON C

**CORAZÓN
LA FUERZA PARA
ENTENDER Y DEMOSTRAR
QUE NO HAY LÍMITES**

MARISA **PIÑEIRO**

MARISA PIÑEIRO

LIDERAZGO SE ESCRIBE CON C

Corazón, la fuerza para entender y demostrar que no hay límites

MARISA **PIÑEIRO**

Liderazgo se escribe con C

Primera Edición

Copyright 2020

Todos los derechos reservados
Publicado por Marisa Piñeiro

Amazon Kindle Direct Publishing
Cantidad de Palabras 42.853
ISBN ***9798650613664***

Liderazgo se escribe con C

Dedico este libro a todas las mujeres.

¡Y a sus corazones!

MARISA **PIÑEIRO**

ÍNDICE

Liderazgo se escribe con C 4

Prefacio 11

1. Dedicatoria y Agradecimientos 15
2. Introducción 19

PRIMERA PARTE HABILITADORES 27

¿Qué es un habilitador? 29

1. DECIDIR Convicción / Determinación 36
2. VENDER 40
3. NEGOCIAR 43
4. FINANZAS 46
5. REDES / VÍNCULOS 49
6. TECNOLOGÍA 53

SEGUNDA PARTE HABILIDADES 63

HABILIDADES DEL CORAZÓN 65

1. CORAZÓN 67

    Historia personal: Cuando te apasiona tu hacer 68
    Algo sobre la pasión y el éxito 70
    Roger Federer / Rick Allen 71
    Frida Kahlo 72
    Preguntas para tu propia reflexión 73

2. CARISMA 74

    Características de un líder carismático 76
    Historia personal: Lograr reestructurar con el apoyo de

todo el equipo.. *79*
Coco Chanel.. *84*
Preguntas para tu propia reflexión........................ *86*

3. CONFIANZA 87

Historia personal: Los beneficios de hacer lo correcto...... *89*
Aprender a decir que no..................................... *89*
Estar seguro de nuestro valor............................... *90*
Historia personal: Entrenarse para generar confianza en uno mismo.. *94*
Historia personal: La confianza en mi equipo............... *99*
Clara Campoamor... *101*
Preguntas para tu propia reflexión........................ *103*

4. COOPERACIÓN / COLABORACIÓN...... 104

¿Cuáles son las características que nos permiten definir el liderazgo colaborativo?................................... *107*
Historia personal: La fuerza movilizadora de la cooperación... *111*
Kathryn Bigelow.. *116*
Preguntas para tu propia reflexión........................ *117*

HABILIDADES DEL CORAJE 119

5. CORAJE 121

Historia personal: El crecimiento que te deja el coraje.. *121*
Historia personal: Guardaespaldas del nuevo CEO.... *126*
Malala Yousafzai... *129*
Preguntas para tu propia reflexión........................ *131*

6. COMPROMISO..132

Historia personal: La mudanza............................. *135*

Valentina Tereshkova.................. *141*
Preguntas para tu propia reflexión............ *142*

7. CONSTANCIA 143

Navy SEALs,.................. *146*
Factor crítico de los grandes líderes............ *146*
El poder de la práctica.................. *147*
Historia personal: Desde el reciclaje a la estrategia de Sustentabilidad en Medios............ *148*
Marie Curie.................. *150*
Preguntas para tu propia reflexión............ *152*

8. CUERPO 153

Historia personal: Ejecutiva y madre............ *155*
Otra Historia personal: Atender la salud............ *158*
Helen Keller.................. *162*
Preguntas para tu propia reflexión............ *164*

HABILIDADES DEL CONOCIMIENTO 165

9. CONOCIMIENTO 167

Tips importantes.................. *173*
Historia personal: El conocimiento hace la diferencia .. *175*
Grace Murray Hopper.................. *177*
Preguntas para tu propia reflexión............ *179*

10. COMUNICACIÓN 180

Historia Personal: Escuchar más allá de lo que comunican los empleados............ *186*
Historia Personal: Comunicarse más allá de las barreras idiomáticas............ *188*
Hedy Lamarr.................. *191*

Preguntas para tu propia reflexión..............193
11. **CRITERIO** 194
Historia personal: El criterio basado en valores...........197
Angela Merkel................201
Preguntas para tu propia reflexión................203
12. **COHERENCIA**........................204
Historias personales: Hablo con mi propio ejemplo......209
Virginia Wolff............216
Preguntas para tu propia reflexión................217

TERCERA PARTE ¡PONERSE EN ACCIÓN!219

La mujer en el campo del trabajo......................221
¿Cuáles son los obstáculos que enfrentan las mujeres?................225
¿Qué acciones están haciendo las mujeres?.....229
Liderazgo ¿arte o ciencia? 229
Nuestro aporte....................231
¡Líder no se nace, Líder se hace! 233
Algunos tips para liderar....................240
Acciones inmediatas para hacer......................241
Algunas frases para atesorar 242

¿Cómo empezar?....................... 245

MARISA PIÑEIRO BIOGRAFÍA................ 249

Formación Académica 251

Prefacio

Cuando recibí el borrador del primer libro de Marisa invitándome con cariño a escribir el prólogo, supe que su intención era demostrar que no hay límites para lograr objetivos en la vida si se trabaja con el corazón y eso es lo que Marisa quiere transmitir.

La conozco desde hace ya muchos años, y siempre me pareció una mujer determinada para salir airosa de toda circunstancia.

Bajo perfil, amante de la interdisciplina, líder de equipos eclécticos, curiosa y con una capacidad única para aprender.

Una trabajadora sin cesar en sus dos roles, madre abnegada de Calita y madraza de sus colaboradores. Muchas veces quise conocer quiénes fueron sus mentores, además de sus padres, y cuál era su secreto para avanzar en su carrera y no amedrentarse frente a cada desafío.

Me encantó leer que dividió el libro en 3 partes que pueden guiar a una mujer a crecer, y que el principal secreto sea trabajar con sentimientos genuinos pues son esenciales para la generación de confianza y construcción de vínculos fuertes en contextos de gran levedad.

MARISA **PIÑEIRO**

No quiero adelantar el contenido del libro, pero sí, asegurar que claramente Marisa nos describe qué significa liderar con la letra C de corazón. Me encantó que pudo hilar capítulo tras capítulo con varias habilidades necesarias con la letra C. Ella sabe que la Comunicación es mi corazón.

Marisa es muy creativa al diseñar un despliegue estratégico, expuesto de manera especialmente sencilla donde comparte todo su conocimiento y experiencia.

Escribir un prefacio es agregar otra mirada al punto de vista del autor, pues en la obra de Marisa he logrado leerme. Cuando uno lee establece una linda conversación con el escritor.

Hay miles de libros y cursos de liderazgo, pero en contadas oportunidades pude ver un material tan orientado a la mujer.

Como vicepresidenta del Foro Argentino de Mujeres Ejecutivas (FAME) valoro muchísimo que una de sus socias pueda plasmar sus ansias por la inclusión y la equidad de género como ella lo ha hecho.

Ojalá puedas ver qué sucederá en unos años, siento que con cada capítulo puedes escribir cientos de páginas y confío plenamente que invitarás a las lectoras a proyectarse sin limitaciones.

¡Cuán necesario es alguien que nos ayude a reflexionar, sin modelos instalados, creencias

Prefacio

limitantes o sesgos para que nuestro potencial surja!

Marisa, tu corazón ha sido siempre inmensamente empático y generoso, deseo que este libro ayude a muchas mujeres, y quiero verte poner en acción, tal como nos invitas a hacerlo en la tercera parte.

Te deseo lo mejor, gracias por dejarme transitar junto a vos.

Alejandra Brandolini
Presidenta ABCOM
Vicepresidenta de FAME
Secretaria Consejo de RRPP

MARISA **PIÑEIRO**

Prefacio

1. Dedicatoria y Agradecimientos

Le dedico este libro a todas las mujeres valientes y fuertes de mi familia, mi mamá Irma, mi tía Nelly y mi prima hermana Marsale, como a mi ahijada Belencita que algo aprendió de estas mujeres, también a mis amigas del alma, que no puedo nombrar una a una porque afortunadamente la vida me regaló grandes y muchas, muchas amigas entrañables, que admiro, que quiero y que valoro. Agrego, mi dedicatoria especial a mi hija, Candelaria, "Cala", la luz de mis ojos, a quien deseo que la lectura de este libro la acompañe y ayude en algunos trayectos de su vida.

Tengo muchos agradecimientos que hacer, a todos los que ayudaron de una u otra manera, a mis mentees, quienes sembraron esta idea cuando no existía entre mis objetivos. A mis colegas, con quienes compartí muchas de las experiencias que se mencionan en este libro. A los líderes que fueron ejemplo de integridad, capacidad y apertura, como Alejandro Harrison y Horacio Moldavsky. A la persona que conocí en el plano público y político y que me enseñó que se puede luchar y entregar conocimientos y experiencias independientemente de las banderas partidarias, un ser extraordinario que agradezco haber cruzado en mi camino, el Ing. Hernán Lombardi. A mi pareja y compañero en la ruta de la vida, Sebastián Berruezo, que siempre me alienta a dar un paso más y me apoya en mis grandes desafíos. A mi mentores, editores, y colaboradores, quienes me impulsaron a escribir, son quienes muchas veces creen más en mí que yo misma. Quiero agradecer especialmente a todos y cada uno de los que integramos la red de ÁGORA GLOBAL, esa tribu que me agregó una llama fundamental en esta etapa de mi vida y mi carrera. Y sobre todo a mis padres que siempre me ayudaron y apoyaron en todos los tramos de mi vida, alegrándose y disfrutando como propios mis logros y acompañándome en los momentos más duros y tristes que me tocó transitar.

Prefacio

Liderazgo no es una personalidad magnética. No se trata de 'hacer amigos' e influenciar a las personas. El liderazgo es lograr que las miras apunten más alto, que la actuación de la gente alcance el estándar de su potencial y que la construcción de personalidades supere sus limitaciones personales.

Peter Drucker

Si sus acciones inspiran a otros a soñar más, aprender más, hacer más y convertirse en más, usted es un líder.

John Quincy Adams

"Existe un mundo de diferencia entre cumplimiento y compromiso. Una persona comprometida brinda energía, pasión y entusiasmo que no pueden ser generados por más cumplidora que sea".

Un liderazgo efectivo se compone tanto de esencia como de forma, una claridad de propósito de lo que uno quiere ser como líder y la capacidad de ejecutar los roles de Visionario, Táctico, Facilitador y Contribuyente. Sólo a través de esta integración de la Esencia y de la Forma puede un líder inspirar a los demás para que entreguen toda su energía, creatividad y talento.

El clima de los negocios hoy en día requiere de líderes que sean modelos de integración, líderes que se muestren emocionados acerca de las posibilidades del liderazgo. Para ellos, el liderazgo es estar al servicio de los demás. Y a pesar de los muchos desafíos que enfrentan, los líderes eficaces demuestran una energía profunda, una emoción contagiosa y una eterna esperanza acerca del futuro que inspira a los que los rodean.

Marisa

Prefacio

2. Introducción

Lo primero que tengo para decirte, es que me alegra muchísimo que haya llegado a tus manos mi libro, ya que el objetivo primero que tiene es el de compartir experiencias vividas, asertivas y otras no tanto, que puedan ayudarte en tu camino de desarrollo profesional para alcanzar ese lugar que querés y merecés.

Yo no soy la primera y tampoco seré la última, pero con mis 50 años he recorrido una "carrera profesional", le llamamos carrera, me quedo pensando en el término, donde corremos, ¿verdad? ¿Quién nos corre? ¿Por qué elegimos correr? Tema que abordaré en algún pasaje del libro, pero, a priori te digo que sí corrí, en todos mis años trabajando en diferentes funciones ejecutivas.

Mi recorrido comienza como Socia de un Estudio de Asesoramiento Contable, Impositivo y de Negocios, continúa como Directora de Recursos Humanos primero a nivel local luego a nivel regional, pasando por la posición de Directora de Operaciones hasta haber ocupado el cargo de Gerente General, en una industria bastante masculina y en décadas donde el rol de la mujer no estaba ni impulsado, ni desarrollado, ni apoyado. Parece algo poco común ver a una mujer llegar a ese lugar y hacer un buen trabajo. Eso es lo que más les llamaba la atención a otras mujeres profesionales, amigas, colegas, pero sobre todo despertaba el asombro y la admiración a mis mentees en diferentes programas en los que colaboré; puedo mencionar la experiencia de *"shadow week"* o las caminatas y encuentros uno a uno que nos quedan de las lindas relaciones que se generan en el proceso. Y formaron parte también del asombro, quienes me invitaron a escribir este libro, que nace unos cuantos años atrás, pero esperaba en un cajón mientras intentaba encontrarle la esencia y que luego de descubrirlo una madrugada de no hace muchas noches atrás, logra su puntapié final con el empuje, energía y ayuda de uno de mis mentores.

Así fue como me embarqué en este hermoso nuevo desafío de escribir mi libro, que hoy me permite compartir con vos aprendizajes que espero te sirvan y errores que deseo se conviertan en enseñanzas. Además de saber un poco de lo que sentimos las mujeres que ocupamos lugares ejecutivos y cómo compatibilizamos ese rol con todos los demás, de hija, madre, pareja, amiga, colega, socia, estudiante, vecina, ciudadana y así podría seguir una extensa lista de roles…

Te invito a viajar por los diferentes capítulos. En la primer parte busco explicar los habilitadores que toda mujer debe asegurarse tener o desarrollar para llegar a ser una líder de excelencia; en la segunda parte describo de una manera vivencial y coloquial, cada una

Prefacio

de la docena de habilidades que, en mi opinión, son necesarias para que una mujer logre desempeñarse en un rol de dirección o ejecutivo. Por último, en la tercera parte, me dedico a ¡poner todo en acción!

Génesis del libro

Para comenzar con la lectura, quiero contarte el cómo nace este libro y para eso me parece importante compartir con vos un poco de mi historia, para que me conozcas y te sea fácil entender cada una de mis vivencias.

Al momento de terminar la escritura de este libro estoy viviendo mis 50 años, soy única hija, aunque la vida me regaló una hermana y un montón de bellísimas amigas. Tengo una única hija, aunque mi deseo era tener 3 o más hijos.

Me formé en Ciencias Económicas, estudiando en una universidad pública mientras trabajaba durante mi carrera y le dedicaba muchas horas a aprender y a trabajar en la práctica de los conocimientos académicos que me brindaba el ámbito universitario.

Mis padres, de clase media trabajadora, siempre me inculcaron que la mayor herencia que ellos iban a dejarme eran valores, cultura y formación y todo lo que ellos hicieron y sostuvieron, estuvo y está alineado en ese sentido.

Mi carrera corporativa en la industria de los medios comienza casi por casualidad, cuando llego a una entrevista con Horacio Moldavsky, CFO de PRAMER, empresa que había sido comprada por un grupo americano. Llegué recomendada por un gerente de KPMG, auditores externos de la empresa, quienes encuentran un gran desorden en el área laboral, previsional y de recursos humanos. Yo los había conocido en una sala de trabajo en la empresa WEATHERFORD ENTERRA, donde ellos trabajaban en la auditoría anual y yo asesoraba al CEO en el área laboral, previsional y de RRHH.

Siempre fui muy inquieta, curiosa y extremadamente autoexigente. En ese momento, era una profesional independiente, me había convertido en socia en el estudio donde trabajé toda mi carrera universitaria y atendía clientes de diversas industrias. Manejaba mis tiempos, tenía responsabilidades de las más variadas y diseñaba cada uno de mis días. Estaba casi convencida de que ¡había encontrado mi pasión!

Comienzo por asesorar a PRAMER; como un cliente más de mi cartera, y durante aproximadamente 3 años, resistí incorporarme a la nómina de la compañía, ya que la situación de trabajar en una misma industria, en un solo negocio y estar como mínimo 8 horas en un mismo lugar me hacía pensar que iba a aburrirme. Por supuesto, nada de eso ocurrió, llegó el momento en que el crecimiento del negocio demandó la necesidad de crear una dirección de recursos humanos y me ofrecieron hacerme cargo del *startup* del área, ocupando el lugar de directora, desafío que me encantó y ahí sí, ¡no pude resistir!

Prefacio

A partir de allí, ingresé a la más apasionante carrera corporativa que nunca hubiera imaginado unos años atrás.

Aunque durante un tiempo seguí manteniendo mis dos roles, como socia del estudio y directora de RRHH de PRAMER, el hecho de que en todo me comprometa y me involucre mucho, hizo que tenga que elegir, ya que estaba trabajando un promedio de entre 15 y 16 horas diarias, situación que ponía al límite mi salud. ¡Fue entonces cuando decidí poner en *stand by* a mi participación en el estudio y dedicarme plenamente al nuevo desafío!

Para eso, realicé una maestría en Dirección Estratégica de Recursos Humanos, necesitaba poner base académica a lo que empezaba a ser una nueva pasión para mí, que se sumaba a los números, ya que ahora había descubierto que en mi pasión también estaban las personas.

Al aceptar la propuesta, una de mis condiciones fue el de participar de la mesa chica de directores, donde se decidían la marcha de los negocios, ya que este puente entre números y personas era lo que realmente comenzaba a desafiarme de manera fascinante.

Durante mis años de ejecutiva, me sumé al

programa de mentoreo de Voces Vitales[1], para ayudar a las mujeres más jóvenes que comenzaban a transitar este mundo, que me iba poniendo en el camino algunos momentos difíciles de sobrellevar.

Así es como conozco a diferentes mujeres, hermosas personas que tuve el placer de mentorear, actividad que hacía desde mi corazón a través de compartir mi propia experiencia. Por ello, la manera que encontré de trabajar las habilidades que consideraba debían aplicar en cada situación, desafío, momento que atravesaban o debían atravesar, era contando anécdotas propias, cada una de ellas con enseñanzas que predisponían al aprendizaje. Además de resultar un efectivo medio, nos permitía también conocernos más y cultivar un vínculo que comenzó tiempo atrás y continúo hasta el día de hoy.

Hace varios años, comencé a transitar el maravilloso camino de la escritura con las primeras notas de este libro, pero que abandono durante un largo periodo, debido a los compromisos laborales que no me dejaban tiempo libre para este espacio. Evidentemente, no había madurado en mí la idea, hasta que empezó a estar presente en mis pensamientos hace algo menos de un año, y una

---

[1] Vital Voices Global Partnership es una organización internacional estadounidense, 501, sin fines de lucro y no gubernamental que trabaja con mujeres líderes en las áreas de empoderamiento económico, participación política de las mujeres y derechos humanos. La organización tiene su sede en Washington, D.C. Fundación: 31 de marzo de 1999

Prefacio

madrugada me despierto con el título dando vueltas en mi cabeza. Por cierto, había estado soñando con lo que serían las *skills* que quería desarrollar en el libro y al repasar una a una, todas comenzaban con la letra "C". Fue así como desperté diciendo ¡ya sé! ¡el título del libro será: ¡Liderazgo se escribe con C! por esta iteración de todas las habilidades comenzando con la misma letra C, pero también porque en mi estilo de liderazgo es fundamental la pasión, por lo que asocié pasión con corazón y así surgió ¡el título de este libro!

Es así como nacen cada uno de estos capítulos, que te invito a recorrer y disfrutar, explicando habilitadores y habilidades que considero fundamentales, contándote mis anécdotas y reflexionando juntas sobre hallazgos, enseñanzas y experiencias ricas para llevarte a tu mochila. Deseo que te sirvan en muchos momentos en los que se presenta esa situación difícil de afrontar, además de dejar planteadas preguntas para que te hagas, que te ayuden a explorarte y a desarrollar la líder que hay en vos.

Te invito a deleitar cada sección, cada parte de este libro. Estoy segura de que te ayudará a convertirte en una gran líder y para el caso que llegue a vos siendo ya siéndolo, también aportará condimentos válidos para sobrellevar esas situaciones que a veces son difíciles de atravesar.

¡Que lo disfrutes!

MARISA PIÑEIRO

PRIMERA PARTE
HABILITADORES

He aprendido que la gente olvidará lo que has dicho, olvidará lo que hiciste, pero nunca olvidará como la hiciste sentir.

Maya Angelou

MARISA **PIÑEIRO**

¿Qué es un habilitador?

¿Cómo comenzar un libro de liderazgo femenino? ¿Acaso mencionando todas las habilidades que debemos desarrollar y entrenar? ¿O hay un paso previo que se forma en pocos segundos llamado: decidir avanzar?

Sí, en pocos segundos uno puede tomar una decisión, y seguramente luego tome muchos años y quizás toda la vida en completar el camino elegido.

A esto le llamo habilitar, abrir el paso, proveernos de lo que necesitamos para nuestra vida. Los negocios necesitan habilitaciones para comerciar y operar, es decir, los mismos deben cumplir ciertas reglas que se requieren para que la operatoria entre un proveedor de productos y/o servicios pueda cumplimentar a un cliente. Hay todo tipo de habilitaciones, ahora bien, mi propósito es describir las habilitaciones que nosotras debemos desarrollar para sentirnos seguras, completas, con ganas de avanzar, sin temor a equivocarnos, sin vértigo, sin miedo o al menos el mínimo necesario.

Comencemos diciendo que incorporar mujeres en diferentes roles ejecutivos y operativos, en cualquier organización público-privada, estatales, ONGs, y todo tipo de agrupación con o sin fines de lucro, agrega una importante particularidad, una mirada y un análisis que deja un impacto positivo en los resultados, definitivamente un importante valor agregado.

Me gusta el debate y los equipos mixtos, he tenido la oportunidad de trabajar con hombres, he participado en directorios totalmente masculinos, he tenido jefes, los he liderado también, he tenido mentores y me encanta la diversidad, lo que quiero resaltar es que los hombres supieron llegar a ocupar lugares que no han sido fácil de llegar para las mujeres. Entonces, por mi experiencia de vida, mi trayectoria profesional, y el haber trabajado en proyectos con otras mujeres ejecutivas, con las cuales he intercambiado ideas y experiencias, es que hoy quiero compartir todo lo que sé, que de alguna manera debió servirme y puede servirte a ti estimada lectora. Al menos quiero dejar una idea, lo más acabada posible, por dónde considero pueden pasar las cosas que te pueden ayudar.

Los inicios de mi carrera

En primer lugar, quiero contarte que en mi vida, **el conocimiento me habilitó a empezar**, soy contadora pública y licenciada en administración, y trabajé desde siempre, desde que comencé a estudiar. La tenacidad y persistencia me ayudaron a desarrollar compromiso, coraje, y confianza, todo esto me permitió llegar a ocupar el rol de socia en el estudio donde estaba trabajando mientras estudiaba. Ese fue

¿Qué es un habilitador?

el primer hito en mi carrera profesional.

En aquella época, luego de recibirme con honores, participé de un programa de J.P. (Jóvenes Profesionales) de una empresa petrolera, que luego de atravesar varias instancias de evaluaciones y diversidad de test y entrevistas, quedo seleccionada para la posición de jefe de impuestos y aspectos previsionales. Grande fue mi sorpresa cuando me informan sobre las condiciones de contratación, salario y beneficios ya que, al momento de decirme la cifra resultaban ser, ¡6 (seis) veces el salario que percibía en el estudio contable! el cual manejaba por completo y hacía tiempo ya. Ahí es donde descubro que la experiencia que había comprado resultaba mucho más cara de lo que podía imaginar. Estaba contenta en el estudio donde trabajaba, compartíamos una amplia cartera de clientes, me encantaba la versatilidad de manejar muchas industrias, contextos diversos, problemáticas diferentes, y conocer dueños de empresas con variados estilos. Como mencioné al comienzo de este libro, tenía una visión, equivocada o cerrada que me hacía pensar que, si entraba en una empresa, organización o corporación, me iba a aburrir de estar en un solo negocio, una sola industria y estructura, pero los hechos me mostraron en el futuro que esa visión cambiaría por completo.

Estando como socia del estudio, me convocan como asesora para una empresa de medios llamada PRAMER.

MARISA PIÑEIRO

Para quienes no la conocen, PRAMER fue fundada en 1993 por el grupo de medios que tenía Radio América y América TV y que luego fuera adquirida por Liberty Global, quien años más tarde junto a MGM Latín América, conforman Chello Media, Latín América. En 2016 cambió su nombre a AMC Networks Latín América, luego de que Liberty Global vendiera Chello Media a AMC Networks.

Bueno, habrán visto que, si estuve por todo este camino, realmente jamás tuve oportunidad de aburrirme, todo lo contrario, afortunadamente nunca paré de aprender.

Esta empresa PRAMER tenía de auditores, una de las *Big Four,* KPMG (se les decía las *Big Six,* a las seis más grandes firmas de auditoría y consultoría mundiales, pero como Price Waterhouse se fusionó con Coopers & Lybrand para formar PricewaterhouseCoopers quedaron las Big Five junto a KPMG, Deloitte, Arthur Andersen, y Ernest&Young; luego fueron *Big Four* debido a que Arthur Andersen se vio imposibilitado de seguir operando como consecuencia del caso Enron).

El desafío que se me presentó fue, que KPMG informó oportunamente a PRAMER, que no iba a firmar el balance hasta que la empresa no reparara una serie de irregularidades sobre cuentas laborales, de niveles de impuestos previsionales, de temas sobre liquidación de haberes y cuestiones sindicales. Debido a que la firma KPMG, era la auditora externa de la

¿Qué es un habilitador?

empresa, se presentaba un claro conflicto de interés para prestar otros servicios de auditoria y asesoramiento, motivo por el cual, la empresa me contrata para desarrollar un informe, que realizo y adicionalmente decido elaborar un reporte de recomendaciones para la compañía con foco en poner luz a los motivos que los habían llevado a tal situación, para que no vuelvan a incurrir en las mismas irregularidades que habían dado cuenta de esta problemática.

El equipo de KPMG me contacta al enterarse de que las recomendaciones eran de mi autoría. Valorando mi conocimiento (gran habilitador), sugieren a la dirección de la empresa que me contraten para que los acompañe en la implementación de las recomendaciones presentadas en mi informe, sobre el que acordaban al ciento por ciento. Por supuesto, acepto la interesante propuesta y es así como comienzo el recorrido en la industria de medios.

La empresa vuelve a venderse a otro grupo americano en este caso LIBERTY Global. Yo ya había comenzado a hacer un posgrado de legislación laboral, en el que tuve que hacer una nivelación para equipararme al alumnado que venían de ser estudiantes de abogacía, cuando yo venía del mundo de los números, y lo termino con aprendizajes de muchísimo valor agregado en el año 2000.

En el 2001 me convierto en mamá, un momento de mi vida repleto de suma felicidad pues había buscado quedar embarazada muchos años, se hizo rogar, y esto me dio fuerza para seguir, porque mi profesión me hacía muy feliz y también quería darle muchas cosas a mi hija.

En el 2003, el rol de recursos humanos de la empresa empieza a tener otra importancia y necesidad de gestión, y me ofrecen ocupar la silla de Senior Vice President de Recursos Humanos. En ese entonces comencé a formarme en la maestría de dirección estratégica, *(repito, siempre el conocimiento, el hacer, el resolver actividades, son habilitadores para avanzar),* que completé años más tarde con un postgrado en management, dos programas ejecutivos del IAE, uno el PERH (Programa Ejecutivo de Recursos Humanos), y otro el PDD (Programa de Desarrollo Directivo).

Durante toda mi carrera me fui perfeccionando, no sólo debido a la necesidad de adquirir nuevos conocimientos, sino por el valor que los mismos le agregaban a mi desempeño. Con los años adicioné el idioma inglés, altamente necesario para todo tipo de negociaciones y análisis de negocios en el mundo global.

¿Por qué les cuento todo esto? Para entender que muchas habilidades se transformaron en habilitadores para poder continuar, especialmente cuando en el año 2009 sufro la pérdida de mi pareja debido a un cáncer fulminante, algo inesperado, un desafío personal de tremendo impacto. A veces no sé de dónde saqué fuerza tantas veces para levantarme, y por ello este

¿Qué es un habilitador?

libro, para compartirles el camino y que sirva a muchas mujeres.

Dividí el libro en 3 partes, en la primera les hablo de habilitadores, necesarios y críticos para avanzar, luego les acerco una segunda sección que comprende 12 habilidades que nos ayudan a desarrollarnos y nos permiten disponer de esa batería necesaria para ocupar y asumir el rol de líder; y por último hago un llamado a la acción.

Identifico como habilitadores cinco aspectos a desarrollar que son: decidir avanzar, saber vender, saber negociar, saber de finanzas y desarrollar las redes y los vínculos.

Por más que pongamos corazón, carisma, confianza, cooperación, coraje, compromiso, constancia, cuerpo *(¡y alma!)*, conocimiento (¡mucho!), comunicación (clave), criterio, y coherencia; si no podemos decidir o no sabemos vender o nos cuesta negociar o no nos llevamos bien con las finanzas y no construimos redes, el camino será tan difícil como nadar en arena.

No hace falta ser un 10 (diez) para avanzar, pero tampoco nos puede alcanzar un aplazo en ninguna de las áreas mencionadas, debemos apuntar a un 7 de mínima.

1. DECIDIR Convicción / Determinación

Perseguir un objetivo, con la plena seguridad de estar en el camino acertado a pesar de que todos te miren con cara rara, ¡a eso le llamo convicción!

Quiero profundizar sobre cómo tomar una decisión…. Acá es cuando una mentee abre los ojos esperando escuchar una gran enciclopedia de mensajes…. y yo simplemente le pregunto ¿querés que te explique cómo se hace para tomar una decisión? pues, se hace ¡DECIDIENDO! Tomar una decisión lleva 10 segundos ¡por favor!, ya sea estudiar, agarrar ese libro que hace tiempo pusimos en la mesita de luz para leer, llamar a quien queremos, hacer gimnasia, hacer una dieta nutritiva y saludable para nuestro cuerpo, almorzar con un pariente, ir al médico, leer muchas veces los balances de nuestra empresa, comenzar una nueva carrera y cientos de actividades que hacemos cada año, mejor dicho, ¡miles! Tomamos miles de decisiones cada año de nuestras vidas, desde las más sencillas hasta las más difíciles.

Aprendí que para crecer hay que dejar de procrastinar y hay que tomar decisiones…todos los días. Es un entrenamiento, hay que ejercitar tanto

¿Qué es un habilitador?

como se pueda para hacerlo cada vez más asertivamente.

Pero... ¿y si me equivoco? Pues bien, si uno se equivoca en la decisión, luego se ajustarán las cosas ¡SE CAMBIARÁN ENTONCES! Pero no se va a romper nada en el camino.

Decidir es poner el auto en marcha, luego se puede ir para adelante, para atrás, pero si la máquina no se pone en marcha, nos quedaremos en el mismo lugar de siempre, es así de simple.

Tomar decisiones, sin temor a errar. Errar es parte del camino, no vayamos a creer que somos perfectas y que no podemos equivocarnos, ¿cierto? Hay muchas mujeres que tienen coraje, pero les cuesta tomar decisiones, y otras que sí toman decisiones, pero no están capacitadas para avanzar y poner esas decisiones en acción. Un automóvil no funciona solo con gasolina, también necesita ruedas, y cientos de mecanismos, que al igual que una orquesta deben sincronizarse, caso contrario no lograremos avanzar y escucharemos estruendos en vez de música.

¿Cómo podemos tomar decisiones de la mejor forma posible? Siendo objetivas, certeras, dejando a un lado juicios de valor y datos subjetivos. No hay algo más eficiente que un dato certero. La gente dice que es difícil hacer tal o cual otra actividad, y el 80% del tiempo es más fácil de lo que uno cree.

MARISA **PIÑEIRO**

Animarse a errar

Llegar alto tiene un precio: debes intentar todo, muchas acciones irán afuera del arco. No temer errar quizás es grandilocuente, el miedo es algo sabio, nos importa y nos afecta. Pero creo que saber vivir y convivir con el miedo a errar es la llave. Vivir plenamente, saber imponerse, no decir que sí a todo y no temer el rechazo.

Pienso que al contrario que lo que el sentido común dice que arriesgarse a perder es importante, creo.... y te comparto..., *arriesgarse a no ganar* debe ser la llama que hay que enfrentar.

¿Para qué intentarlo? Te voy a dar tres razones fundamentales para animarte a intentarlo, la primera tiene que ver justamente con eso, para no temer a errar si no se intenta. Los grandes deportistas siempre se enojaron con quien no lo intenta.... nadie se enoja con quien al menos se animó. La segunda tiene que ver con no dejar pasar una oportunidad, en este sentido todos conocemos a alguien que va por la vida lamentándose por no haber intentado hacer algo cuando se le presentó la oportunidad y el no haberlo realizado en ese momento lo privó de ese resultado potencial que podría haber cambiado su vida para siempre. La tercera tiene que ver con la conciencia que generamos sobre nosotros mismos por no habernos animado a intentarlo, lo cual crea una percepción negativa y limitante sobre el propio Yo y autoestima, que impacta en la confianza sobre nuestras

¿Qué es un habilitador?

capacidades para enfrentar futuros desafíos.

Intentar es la llama y, ¿cómo prender esa llama?: con determinación. Todas la podemos prender, no hay límites, no hay techos de cristal al intentarlo.

Intentar es **Hacer** el esfuerzo y dar los pasos necesarios para realizar algo o lograr cierto objetivo o fin, sin tener la certeza absoluta de conseguirlo.

Volvemos a la certeza, les comparto que intentar sin certeza produce al menos más certeza que no intentarlo.

Recuerdo cuando construí e implementé en la compañía la estrategia de negocios sustentable de medios. Fue un proyecto que desarrollé muy de a poco, que diseñé con la colaboración de grandes especialistas en el tema que creyeron en mi idea y que alcancé a completar gracias al aporte de muchos: desde empleados, voluntarios hasta directores, talentos y organizaciones entre otros. Y ocurrió algo que me llegó a sorprender terriblemente. Estábamos en el Auditorio del Museo Malba, con motivo de la presentación de nuestro primer reporte anual de sustentabilidad y de la matriz estratégica del negocio de medios sustentable. En el momento en el cual el CEO de la compañía, hasta ese entonces mi jefe, Alejandro Harrison, se refiere en su discurso a todo lo que habíamos alcanzado como empresa en materia de sustentabilidad, lo que habíamos logrado desarrollar y cómo nos posicionaba anticipadamente con una estrategia sustentable en medios; para mi orgullo y sorpresa, a su vez destaca que el logro lo habíamos alcanzado como organización gracias a mi convicción y certeza, y admitiendo que él mismo descreyó en un comienzo al escuchar mis ideas, pero que dejó que avanzara por dos razones: la primera porque no pedía mucho presupuesto y la segunda, era una manera de premiar el hecho de que cumplía con todas mis responsabilidades y superaba los objetivos y expectativas la gran mayoría de las veces.

2. VENDER

No me siento bien al decir esto, pero honestamente creo las mujeres en general no nos preocupamos por aprender a vender, no sabemos vender, no nos sabemos vender y créanme ¡es súper necesario!

Por supuesto hay muchísimas mujeres que son exitosas vendiendo, trabajé con grandes vendedoras en algunos equipos de ventas, pero ellas aprendieron el "secreto" de la venta y les puedo afirmar que se trata de una minoría.

Vender es resolver un problema a través de un producto o servicio. Primero escuchamos el problema, luego lo resolvemos.

Supongamos que queremos vender un producto o servicio determinado. ¿A través de nuestras

¿Qué es un habilitador?

habilidades conocemos qué problemas podemos resolver? Sí, sí, se comprenden, ¿pero les cuesta conseguir compradores? Entonces me pregunto ¿Se están haciendo las preguntas correctas? Porque si quiero vender determinado producto a quien no lo necesita, no podré hacerlo.

Si sabemos que la fórmula para vender es encontrar quien tenga el problema para solucionarlo, ¿cómo logramos acercarnos a esa persona? De la misma forma que en los vínculos, a través de las relaciones. No podremos formar un equipo deportivo si no conocemos jugadores que quieran jugar y con quien podamos compartir esas vivencias. Vender es lo mismo.

Hay decenas de formas de vender, recordemos cuando hemos comprado algo con felicidad…seguramente el vendedor nos hizo dar una vuelta con ese auto, o mostró con detalles los beneficios de un producto para el hogar, o con increíble capacidad le mostró a un grupo económico que adquiriendo una determinada empresa iban a incrementar los beneficios generales del grupo.

Hay tres claves para vender:

1. Primero mirar el problema que resolvemos.

2. Segundo, desarrollar vínculos basados en información certera.

3. y Tercero, no desanimarse frente a respuestas de no interés. Quizás estamos queriendo

llamar a una persona en un momento inoportuno.

Estas 3 claves funcionan, tal como un bote navega sobre el agua, en situaciones de calma y oportunas. Nadie quiere interrumpir al capitán de un velero en una tormenta o al entrar o salir de un puerto, ¿cierto?

Desde mi experiencia puedo decirte que trabajando en grandes organizaciones, te toca hacer lo que llamamos la venta interna, donde vos sos la que resuelve los problemas y es la causa por la cual van a darte todo el soporte que requieras.

En esta venta de tu trabajo para el crecimiento, existen otras tres claves:

1. Escuchar a tu líder, tanto lo que dice como lo que no dice, pero que comunica con su lenguaje corporal, y te permite entender la urgencia, la presión que tiene, el problema a resolver y sobre todo "su necesidad" y desde qué lugar se hace el requerimiento.

2. Tener una actitud positiva que genere contención, que tranquilice, que predisponga a la otra persona a transmitir con claridad su necesidad y sus expectativas, que perciba que estás ahí para resolver la situación, y que no hay dudas que lo vas a poder hacer en el plazo determinado.

3. Identificar a través de 2 o 3 preguntas, nunca un interrogatorio, todos los datos que permitan

¿Qué es un habilitador?

cumplir con la asignación: para cuándo se espera, el enfoque requerido y las expectativas que se tienen sobre el resultado.

A lo largo de mi carrera, he notado que una de las características que me permitieron crecer en las organizaciones fue el poder entregar los trabajos asignados o requeridos cumpliendo no sólo con las fechas, sino que excediendo las expectativas respecto del contenido o resultado a alcanzar. Posiblemente se deba a que, si bien siempre tuve facilidad para percibir la necesidad del otro, el continuo ejercicio agudizó esta capacidad y me permitió acercar soluciones que cumplían o superaban lo esperado.

En una corporación, los directivos siempre esperan soluciones a sus problemas y un trabajo que alcanza a cubrir las necesidades, genera prestigio en quien lo realiza, por eso a partir de ahí tus posibilidades de vender"te" no tienen límites.

3. NEGOCIAR

Negociar se aprende, no tanto en la teoría, sino en la práctica.

Liderar una buena negociación implica un trabajo previo de mucha investigación y análisis, la tarea se hace antes. ¿Y en qué consiste dicha preparación al mínimo detalle? En identificar los escenarios en donde todos ganamos, parece algo relativamente sencillo sin embargo requiere de varios factores:

1. Absoluta empatía por la persona con la cual negociamos: ¿cuáles son sus necesidades? Lo hago a través de una profunda escucha activa, desde lo verbal hasta lo gestual y corporal. De esta manera entiendo sus expectativas.

2. Diseño de escenarios posibles casi como en la pirinola: todos pierden, todos ganan, solo uno gana. Adicionalmente, el análisis de pros y contras de cada uno. La manera de hacerlo es imaginando las historias con distintos finales posibles. Así lograré estar preparada para cada situación que surja en el proceso de negociación.

3. Investigación de hechos que fundamenten mi punto de vista. Tengo claridad absoluta de mi situación. Dispongo de elementos que me avalan fehacientemente.

4. Saber qué estoy dispuesta a perder y qué me conviene ganar. Evalúo cada escenario cualitativa y cuantitativamente. Entiendo dónde estoy parada, qué puedo ceder y que no.

5. Tener control sobre mí misma, es la mejor manera de tener el control de la situación, porque el control sobre el otro no lo tendremos nunca. La calma y la mente clara me permiten actuar de manera pausada y tener el tiempo para pensar cada una de mis palabras.

¿Qué es un habilitador?

Una negociación consiste en sumar opciones de un lado y comparar con las opciones sumadas del otro. Recuerdo una amiga que en su divorcio peleaba por la valuación de un activo en vez de fijarse la erogación de gastos que ocasionaba ese activo y el verdadero usufructo que a ella le daba.

Del mismo modo funcionábamos cuando me ocupé de mentorear una gran mujer y muy exitosa ejecutiva en América, quien me solicitó que la asistiera en las negociaciones que llevaba adelante en muchas oportunidades, dada la seguridad que le brindaba mi solidez de análisis sobre los diferentes escenarios que se podían presentar, los que se complementaban de manera perfecta a su estilo de negociación sanguíneo. De hecho, me miraba con perplejidad cuando redactaba cláusulas en una computadora en el lobby del hotel, o cuando hacía cálculos en la aplicación perfecta que disponemos para que jamás nos sintamos solas: las planillas de cálculo.

Tener claridad de lo que deseamos lograr y hacerlo de manera transparente, nos permite actuar despojados de subjetividad, intereses creados, egos y ambiciones innecesarias.

En las negociaciones se toman dos roles: defensa y ataque, el arte está en moverte en ambas posturas, porque si te parás del lado del ataque, el otro terminará perdiendo y será una negociación injusta y si en todo momento te ponés a la defensiva no podrás presentar lo que tienes para proponer, porque estarás enfocada en esquivar argumentos constantemente.

Tratá de recordar alguna negociación que no terminó como esperabas, y podrás identificar que surgió un imprevisto, te tomaron por sorpresa y lo que tuviste que ceder no estaba en tus planes.

Concluyo que una buena negociación es el resultado de una excelente preparación.

4. FINANZAS

Que los números son difíciles es un gran mito que hay que derribar. Como todo conocimiento, requiere dedicación y tiempo, sin juicios de valor. Por suerte, y a diferencia de la mayor parte de las actividades de la vida, en finanzas 2 + 2 = 4 sin sorpresas ni sobresaltos.

Acá quiero traer una vivencia personal donde me ha tocado mentorear a una mujer, una de las mujeres más exitosas de Hispanoamérica, del mundo del espectáculo, brillante en todos los sentidos, pero que no tenía conocimiento en lo absoluto sobre el manejo de las finanzas.

A esta altura, y para que sonrían solamente les haré 2 preguntas que conviene aprender, ¿cuál es la diferencia de una tasa de interés simple, y una de interés compuesto?, y la segunda, ¿qué les gusta más, un contrato ambicioso de una sola vez, o un contrato

¿Qué es un habilitador?

periódico no tan grande? Hay que ser certeras, lo que sume más, esto es matemática.

La primera respuesta es para que lo comparen ustedes solas.

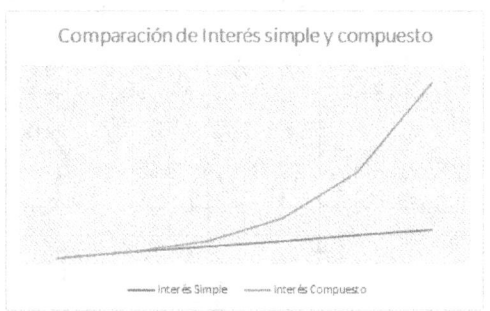

La segunda respuesta es más fácil

Mi mentee, que era y es una mujer excepcional, siempre delegó en otros las finanzas. A ella le habían enseñado a vivir el presente, pero sin considerar potenciales ingresos futuros, con lo cual, en lo referente a finanzas, no se dio cuenta que otros ganaban más que ella, y que a la hora de negociar no lo hacía bien. Vendió los derechos intelectuales sin considerar acuerdos escalables.

Disculpen si profundizo en esto, pero quiero dedicar esta sección a Oliver Hart y Bengt Holmström, Premio Nobel de Economía 2016 por su contribución a la teoría de contratos.

En su teoría de contratos, explica por qué las empresas de seguros nunca pagan el total de un siniestro, y por qué las partes que trabajan por un bien común escalable en el tiempo producen mejores resultados. Pensar en cláusulas en el tiempo futuro, brindan la apertura de potenciales negociaciones de corrección, pero el establecimiento de límites las cierra.

Temas como conflictos de interés, donde una parte no puede beneficiarse por los resultados de otra, ayudaron a organismos públicos a obtener herramientas de análisis sobre la conveniencia de una alternativa sobre otra.

En finanzas apareció una figura que sería imposible pensarla años atrás, que es el análisis de escenarios de múltiples variables. Conozco un analista financiero que tenía 3 o 4 días su computadora produciendo cálculos de escenarios para llegar a una reunión y modificar un precio que nadie se había fijado que luego de varios años produciría millones de ganancias.

Sin pretender ser economistas, saber de finanzas es tener la posibilidad de poder interactuar en el mundo

¿Qué es un habilitador?

de los negocios, de comprender las variables, de perder el miedo a términos tales como ser: ganancias, rentabilidad, margen, riesgo financiero, devengamiento, % marginal, retorno de inversión, entre otros y estar familiarizados con ellos. Aprenderlos como cualquier otro concepto.

Las finanzas son el eje sobre el cual se mueven todas las organizaciones, públicas, privadas e incluso aquellas sin fines de lucro. Es nuestra responsabilidad no solo saberlos sino dominarlos y el beneficio colateral es el diálogo que podremos entablar con los hombres y mujeres de negocios.

El entendimiento de las finanzas es requerido independientemente del origen de tu profesión. Si sos independiente conocerlos te permitirá crecer económicamente, saber invertir o desinvertir, si sos empleada te ayudará a saber generar valor en el negocio e industria que te desempeñes y serás reconocida por ello y si eres emprendedora, convertirte en la dueña de tus finanzas te garantizará cuidar de tus ingresos y egresos como nadie lo podría hacer.

5. *REDES / VÍNCULOS*

Seamos claros, en soledad nunca se puede crecer.

Al respecto, recuerdo un almuerzo con otro ejecutivo, quien me quiso demostrar que existen deportes profesionales que son individuales, a lo que le pregunté con mucha calma, ¿y si te demuestro que todos los deportes son en equipo? Si gano el debate, invitas la cuenta de la comida, ¿estás de acuerdo? Todo seguro de sí mismo, dijo que sí y me respondió: "El tenis, individual, no el de torneos de parejas". Sabiendo la apuesta ganada, me tomé unos segundos para responder, "estimado, en ese deporte como en cualquier otro, hay un nutricionista, un preparador físico, un entrenador, y decenas de personas que acompañan al deportista en su crecimiento, sin ellos no puede crecer". De más está decir que disfruté ese almuerzo pagado por la contraparte :).

Las redes se tratan de entender que nada se puede hacer sola, los empresarios dependen de los clientes, pero también de los proveedores; los empleados deben aprender de liderazgo para ayudar a sus líderes a que los lideren; los equipos de trabajo aprenden entre ellos y de otros equipos, las familias, los amigos, los centros de estudios, los estudiantes, los contactos, todo se convierte en una red que constituye un completo sostén de crecimiento de las personas.

Los vínculos sanos, no tóxicos y dependientes, sino los basados en un respeto personal y profesional, con la autoestima correcta, sin egoísmo ni codicia, son el combustible de la ambición, que permite ser contagiosa, sana y hasta divertida.

¿Qué es un habilitador?

El *Networking* consiste ni más ni menos que en formar una red de contactos que en algún momento nos ayuden a conseguir alguna nueva oportunidad profesional o quizás captar clientes para nuestro negocio.

La red de contactos que generemos y posteriormente también cuidemos, nos va a dar un sinfín de posibilidades en el mundo laboral, comercial o empresarial.

Ahora bien, esta función está más asociada naturalmente al hombre, y en general la mujer se queda más detrás del escritorio empujando el lápiz ¿me equivoco? Pues déjenme decirles, que lo que puede parecer una misión imposible, no lo es, cualquiera de nosotras puede y de hecho tiene varios contactos en los que ¡ni ha reparado! Porque no se olviden, que, así como para los hombres es válida cualquier relación que entablan y que inmediatamente suman a su red, como amigos del club, del barrio, del colegio, nosotras también conocemos mujeres del gimnasio, mamás de la escuela, de la peluquería, del edificio y también de la universidad, del trabajo, etc., etc., etc. y como les explico a continuación, verán como todos podemos hacer *Networking*.

En primer lugar, tener claro el objetivo. Resulta vital que antes de construir una red y hacer *networking* sepamos cuál será el objetivo, qué perseguimos, ya que las opciones son diversas, tales como tener más clientes, generar nuevos negocios, dar un giro a nuestra profesión, encontrar un mejor puesto o simplemente disponer de un mayor número de contactos profesionales con quienes compartir la experiencia.

En segundo lugar, no se trata de acumular muchos contactos por una cuestión de volumen sino más bien, conseguir contactos que sean realmente complementarios, útiles y brinden posibilidades.

En tercer lugar, nunca pases por alto a personas que ya conoces o que son conocidos de tus amigos, pueden ser una opción muy interesante para vincularte a un sector profesional. Si ya son contactos que has creado durante tu formación o puesto de trabajo anterior, podrán ser de utilidad ya que forman parte del mismo sector profesional al que estás enfocado.

En cuarto lugar, y quizás el punto más complicado, es cómo generar contacto una vez que tenés a tu red identificada. Bueno, para eso hoy las redes sociales te brindan una gran oportunidad. También te podés contactar vía mail, si lograste obtener ese dato o te lo brindaron en persona, cuando asististe a conferencias, eventos, foros o convenciones.

Por supuesto que LinkedIn es en sí un capítulo aparte. Pensá que la mayoría de los empresarios y profesionales tienen un perfil en esta red y estás a 7 clics, como máximo, de conectar con cualquier persona que desees, esto lo convierte en una magnífica

¿Qué es un habilitador?

posibilidad para ampliar tus contactos. Conocerás a los contactos de tus contactos y a su vez a los contactos que estos tengan.

En quinto lugar, no olvides que se trata de un camino en ambas direcciones, por eso al posible contacto que querés incorporar a tu red, debes ofrecerle algo de interés. Podés ayudarle en alguna tarea, brindar algún asesoramiento, participar en sus proyectos o negocios, o permitirle acceder a los que ya son tus contactos.

En sexto y último lugar, te recomiendo que mantengas una comunicación regular con los contactos, no tiene que ser semanalmente con todos, cualquier método puede ser de utilidad, pero lo importante es que no te limites a añadirlos a tu lista y los abandones hasta que algún tema de interés te vincule con ellos, siempre debes conservar vivo el interés.

6. TECNOLOGÍA

Agregaré un sexto habilitador para crecer, y muy ¡importante! Pero antes les quiero explicar cómo se incorporó este habilitador.

Cuando publiqué mi libro para mi cumpleaños 51 en junio del 2020 llevaba mi país y el mundo, varios meses de cuarentena y de desafíos impensables para la humanidad. Una sola empresa con cientos de empleados de un mes para el otro debía comenzar a gestionar toda su operación en forma remota con empleados en sus casas, recluidos debido al riesgo mundial de la salud por el COVID. ¿Acaso sin tecnología lo hubiéramos podido enfrentar? De un día para el otro, hasta cumpleaños familiares se celebran usando videos-teleconferencias. ¿Acaso no cambió el mundo desde la aparición del iPhone en el 2007, o el iPad tiempo más tarde? ¿No es acaso un desafío hasta publicar un libro? ¿Es gracias a la tecnología que aparecieron grandes emprendimientos mundiales tales como UBER, Airbnb, Mercado Libre, Glovo, Rappi, Zoom, y miles más que aparecieron e hicieron más fácil y eficientes nuestras vidas? ¿Es casualidad que Amazon y Apple sean las primeras empresas de la historia que superaron la valuación de un trillón de dólares en el año 2019? ¿Y Mercado Libre con una valuación de más de 50,000 millones de dólares debido al desarrollo de su tecnología de ecommerce y de Fintech como Mercado Pago?

¿Podés manejar una empresa sin usar Microsoft Excel? Imaginá los mejores analistas de datos del mundo; no son solo los mejores por el contenido solamente, sino porque usan el MS Excel mejor que nadie. ¿Por qué? Pues son expertos en macros, sí, hacen programas en minutos en un lenguaje de programación y hacen que las planillas de cálculo hagan magia. Con macros he visto planillas de sueldo

¿Qué es un habilitador?

generar recibos a los empleados y enviar emails con files anexados en formato pdf, y al mismo tiempo conectarse mediante IP al banco y efectuar las transferencias. Si de 1,000 empresarios apenas el 10% usa Excel, es decir 100, imaginen quienes usan macros, apenas otro 10% de ellos, quizás 10 de cada 1,000 usuarios. Pero va la pregunta para que sonrían, ¿conocen gente que hace macros en Excel y las conecta con macros en Microsoft Word para verificar nubes de términos y analizar sintaxis gramaticales? Es claro que esa gente puede hacer el trabajo de meses de decenas de analistas, solos y en apenas unas semanas. Lo he visto, analistas que calculan miles de escenarios financieros de una empresa mediante modelos. Así es más fácil y mas seguro crecer.

Parece ciencia ficción, pero quiero ir a un ejemplo real de una multinacional, en este caso estoy usando el ejemplo de un colega pues me pareció magnifico por su sencillez.

Historia personal: El Excel en Acción

En una de las primeras multinacionales del mundo, con más de 300.000 empleados, había un CxO en Londres muy preocupado por algunas variables que la comisión de accionistas le había solicitado analizar. Tenía un gran desafío, para estudiar estos datos, dependía de mucha gente. En Europa se usaban más de 90 sistemas de facturación, la mayoría en Oracle, y en Asia más de 30 en SAP. No había forma de analizar estos datos. Pedir un reporte podía llevar semanas de validaciones hasta que se generaran las autorizaciones para modificar las bases de datos.

En un viaje a New York conoció ese analista que les había mencionado antes que no sólo hacía macros en Excel sino que hasta las hacía en Word. Lo más liviano posible, le dijo a este ejecutivo, "no te preocupes, en 2 días lo solucionamos. No pidas ninguna modificación a los sistemas, nadie entenderá nada y te llevará meses. ¿Sabés por qué no lo entenderán? Pues todavía no está creado en tu mente el análisis, y no puedes pedir que la gente haga lo que nadie, ni vos, ni la comisión de accionistas te pidió". Con voz inquieta, pero curiosa, el CxO preguntó, "… pero… ¿Cómo lo podemos hacer?". La respuesta no se hizo esperar, vino del conocimiento de la tecnología, "es fácil, pedimos los reportes que tengan, en el formato de texto o pdf que puedan, no te preocupes, con un par de horas los transformo a texto, les cambio el formato en Word, convierto los cambios de renglón por tabs para armar columnas en Excel, y luego lo importamos en Excel y hacemos tablas dinámicas para calcular modelos que te ayuden a entender resultados en minutos".

Sin contar los detalles, les cuento que sí tuvieron problemas con los límites de Excel que sólo soporta un millón de filas. Entonces hicieron columnas que no superaran esta limitación, una al lado de la otra, y las empezaron a analizar en forma combinada, en un sistema operativo de 64 bits, buscando trabajar con

¿Qué es un habilitador?

modelos estadísticos, es decir, usando solo el 7% de datos al azar, para tener un margen de error de menos de 0.5 %. Los combinaron en minutos ¿El programa? No tenía más de 5 páginas.

Entendamos el desafío, un ejecutivo tomó decisiones usando Excel, pudiendo compartir con otros ejecutivos esas planillas, en días, no en semanas o meses. Nadie necesitaba passwords, ni accesos a complicados sistemas, solo necesitaron la herramienta más fabulosa que la gente debe conocer: las planillas de cálculo. ¡Y las macros, por supuesto!

¿Quieren ejemplos más cotidianos? ¿Quién no conoce a alguien que se queja de la velocidad de su computadora o que su teléfono está más lento? Bueno, les cuento, hay programas que limpian lo que no usamos haciéndolos más rápidos.

Aprender de tecnología es quizás uno de los desafíos más importantes para las personas que no han desarrollado estas habilidades. No hace falta estudiar muchos detalles, pero sí un poco más de lo que sabemos, especialmente las plataformas Office de los principales referentes del mundo, Microsoft, Apple, Google, y muchos más.

Nos hará más veloces. Lo que otros hacen en días, nosotros lo haremos en horas; lo que mucha gente se queda hasta medianoche y fines de semana trabajando podremos terminarlo temprano e irnos a buscar a los hijos al colegio para hacer la tarea con ellos.

MARISA **PIÑEIRO**

Las dimensiones del crecimiento tecnológico

Estoy convencida de que la tecnología es un gran habilitador. Puede suceder que tu *background* sea *techie* o *geek* pero si tu formación es en otras áreas, como es mi caso, que vengo del mundo de los números, es una necesidad incorporar conocimientos tecnológicos y actualizarse permanentemente.

Conocer, y si fuera posible, dominar aspectos tecnológicos, te abre infinitas posibilidades. Se desarrollan desde cinco ámbitos:

1. **Autonomía:** conocer las herramientas tecnológicas te permite ser totalmente independiente al momento de realizar tu trabajo, pero también cuando tenés que resguardarlo (hacer un back-up por ejemplo, y después encontrarlo, y después ¡restaurarlo!). No necesitas de nadie para gestionar tus claves, sabes qué hacer cuando tu computadora no responde o cuando es necesario actualizar el software de tus dispositivos por mencionar algunos. No se trata solo de saber hacerlo, sino entender qué sucede para manejar las herramientas con total confianza o para descubrir los problemas y no actuar leyendo instrucciones.

    Es fin de semana, necesitas hacer una tarea que involucra aspectos tecnológicos, lo podés hacer sin esperar al lunes para acudir a alguien que te guíe.

¿Qué es un habilitador?

2. **Velocidad:** tenemos que asumirlo, la tecnología consume tiempo, y mucho, si además no la dominamos, es altamente probable que invirtamos el doble o triple de nuestro tiempo en hacer algo que no constituye el foco de nuestro hacer. Saber cómo estandarizar un documento, evita que tengamos que hacer cambios de forma manual y podamos concentrarnos en el contenido, nos liberamos del formato. No perder tiempo en el formato da velocidad, y da seguridad también.

3. **Posicionamiento:** en tu trayectoria profesional, tendrás muchas oportunidades donde se te ofrecen nuevos roles, te harán crecer y tendrás gente a cargo. El conocer de herramientas que manejamos diariamente, te permite posicionarte mejor en roles de liderazgo porque los equipos necesitan que sus líderes sepan guiarlos también en temas de tecnología o al menos entiendan las herramientas disponibles en el mercado y qué valor aporta cada una en los negocios.

Poder organizar una reunión en minutos o conocer las soluciones alternativas para reuniones virtuales, los pro y contra de cada uno; compartir la documentación y archivos en plataformas; gestionar los proyectos en SharePoint o Trello, compartir una pizarra para trabajar algún proyecto con tu equipo o colegas a través de una herramienta colaborativa como MURAL, habla de vos. Lo que transmitís es que te ocupaste de aprender las soluciones tecnológicas, que tenés interés de estar actualizada, que la edad no es impedimento, y que a pesar de que el mundo de la tecnología continúe evolucionando, vos decidiste avanzar al mismo ritmo.

Dominar Excel produce magia, recuérdenlo.

Tu equipo, y quienes te rodean, entienden que si manejás con confianza la tecnología, cuánto más dominio tendrás de los temas de los cuales tenés responsabilidad; cuánto más los equipos pueden sentirse acompañados de alguien que no está en desventaja respecto de un tema que es esencial para ellos. Principalmente la tecnología, mucho más en una persona que no sólo tiene conocimiento y confianza.

4. **Valor al Negocio:** hoy podemos decir que conocer de las soluciones que ofrece el mercado marcan una nueva era en lo que respecta a la toma de decisiones. Tener la posibilidad de hacer análisis de datos de manera estructurada para predecir o analizar comportamiento de empleados, clientes, canales, mercado, productos, etc. es radicalmente distinto a estimar algunas posibilidades con información que obtenemos de la mera investigación.

Independientemente del negocio o industria que estés, cuando conocés lo que brindan las distintas herramientas, te permite traer una

¿Qué es un habilitador?

propuesta de valor a la mesa estratégica, ya lo dijo Steve Jobs bajo el lema: *"connecting the dots"*. En el momento que te presenten un problema o necesidad, en tu cabeza resonará esa herramienta que conociste o te comentaron y sabés que podría cubrir las necesidades presentadas. Hay innumerables ejemplos como pueden ser zoom para el trabajo colaborativo virtual, o analytics para predecir o simular situaciones para la toma de decisión, y la innumerables herramientas de conectividad B2B, B2C, E2E (employee to employee).

¿Les cuento un truco? Colocar un lindo logo a tus emails o a tus sites y comunicaciones conectado a servicio de Google Analytics hace que no sólo conozcas si leyeron el email o no, sino que podrás analizar dimensiones increíbles por locaciones, redes de datos, devices, etc.

5. **Inclusión:** conocer aspectos de tecnología te permite incluir a <u>más personas</u> en tu ámbito, fomentando los equipos multidisciplinarios, vas a poder ampliar tu red con quienes dominen la tecnología. He conocido ejecutivos que trabajan con escritores que a su vez trabajan con geeks y hacen realmente magia en sus reportes.

Otras personas te podrán convocar porque tendrás un punto en común que cada vez más es un eje para el crecimiento. Entender la tecnología, sin tener que ser experto es el primer paso para seguir aprendiendo y adoptar herramientas de distinta gama.

Las desafío a que estudien un poco más sus herramientas, que dejen de decir "es difícil", "no puedo", "no sé", "no entiendo", "no tengo tiempo", y todos los días se dejen abordar por la curiosidad y busquen aprender un poco más. Quizás el primer cambio que deban hacer es usar más la tecnología, cada vez que quieran hacer algo pregunten en internet, quizás haya un video de 3 minutos en YouTube que les ahorrará horas de trabajo, no seamos necios, para crecer se necesita usar todos los recursos y ponerlos a nuestra disposición.

¿Usamos bien el search de Google? Saben que si ponen las palabras que buscan con un "+" adelante y otras con un "-" delante, Google buscará información que SI tenga unas palabras y que NO tenga otras. Es básico, pero sé que pocos lo usan, empecemos de a poco, todos los días avancemos e incorporemos recursos de algunos milímetros, en un año serán metros y con el tiempo la capacidad de manejar esta área nos dará un diferencial, que resulta muy satisfactorio y valorado.

SEGUNDA PARTE
HABILIDADES

Sólo con el corazón uno puede ver correctamente.
Lo esencial es invisible a los ojos.
Antoine de Saint-Exupéry.

MARISA **PIÑEIRO**

HABILIDADES DEL CORAZÓN

"Si la pasión, si la locura no pasase alguna vez por las almas... ¿Qué valdría la vida?"

-Jacinto Benavente-

Para mí, este es el ingrediente fundamental, hacer lo que elegimos todos los días con pasión, es ese no sé qué, esa llama que se enciende y que nos da fuerza cuando todos ya están cansados, la que nos ilumina con una idea cuando ya todos bajaron los brazos, la que nos permite ver las cosas de una manera clara cuando todos lo ven oscuro o directamente no lo pueden ver. Pero también, es esa cualidad que permite que no sintamos el cansancio del resto, que no nos estresa tanto como debiera de no ser que nos vemos automotivados por el *cuore*, por la pasión de hacer lo que soñamos, lo que nos gusta, lo que hace que las horas vuelen y no notemos que aún estamos en la empresa, en tu emprendimiento, en un proyecto, lo que sea que te apasione.

MARISA **PIÑEIRO**

HABILIDADES DEL CORAZÓN

1. CORAZÓN

Trabajar con el corazón para mi es convertir en posible lo imposible y lo que te permite entender y demostrar que no hay límites, excepto los que tu mente te pone a vos misma.

Pero cuando menciono pasión, ¿a qué me refiero exactamente?, ¿qué significa en la vida real?

El corazón se relaciona a la pasión como un sentimiento intenso, involucra el deseo, el entusiasmo por algo, puede ser una actividad, una causa, una persona, todo lo que podamos imaginar.

Es importante aclarar que dedicarte a tu pasión, no te garantiza el goce el 100% del tiempo, ya que seguir una pasión también requiere de sacrificios y esfuerzo, y por momentos hasta puede estar presente el sufrimiento.

Cuando encontrás tu pasión, estás dispuesto a dedicarte, incluso cuando hacerlo requiera en muchos momentos exigirte y dar más allá de tus fuerzas y por otro lado, saber decir que no, aunque te cueste; de lo contrario, cuando esto no sucede, se trata de un pasatiempo.

MARISA **PIÑEIRO**

Historia personal: Cuando te apasiona tu hacer

Y acá voy con mi historia, una de las tantas que atesoro, donde muestro un ejemplo en que se pone de manifiesto la pasión.

Resulta que es viernes, algunas de mis amigas me invitan a tomar algo y actualizarnos de nuestras vidas.

Acá abro un paréntesis para contar que una de las cosas que agradezco a la vida son las amigas que tengo, tengo amigas de mis distintas etapas de la vida y de la diversidad de actividades que tan intensamente realicé y realizo durante estos primeros 50 años de vida. Conservo mi primer mejor amiga Cecilia, la madrina de mi hija, a la que acariciaba desde la panza de su mamá (mi madrina del corazón) y a quien siempre le digo que ella nació con una mejor amiga debajo del brazo. Pero también, tengo mis amigas de la escuela, de la facu, del club, de los postgrados, de los trabajos, de proyectos, del gym, de las mamás de amigas de mi hija, de colegas, de ex jefes y de diversas generaciones. Tengo amigas de 20, de 30, de 40, de 50, de 60, de 70 y de 80 y con cada una de ellas, las vivencias y experiencias que compartí y comparto, fueron y son diferentes, pero todas son ricas, divertidas, sabias, emocionantes, reconfortantes, importantes y así puedo seguir con varias cualidades más de esas relaciones maravillosas, pero retomando, vuelvo a la anécdota.

Son las 7 p.m. aproximadamente, recibo un mensaje de ellas, de mis amigas de treinta y pico, y yo,

HABILIDADES DEL CORAZÓN

obviamente, en mi despacho trabajando en los temas de escritorio que se atienden luego de la vorágine de reuniones y *calls* del día, tareas como lectura de contratos, firma de pagos, revisión de informes, que requieren de concentración y que en el transcurso de una jornada de trabajo es difícil encontrar el espacio, ya que se ocupa con nuestros equipos, colegas y compromisos sociales. Candelaria, mi hija, estaba en la casa de una de sus amigas en una pijamada y yo sin planes, pero aun así no me comprometo con la invitación de mis amigas, aunque ante la insistencia, les digo que me avisen cuando estén en camino, ya que la idea era ir a un bar en Palermo Soho, a unas cuadras de la empresa. Yo, sin imaginarlo, me sumerjo con pasión en el proyecto que estaba revisando y ajustando, y cuando miro el reloj, por el sonido que emite mi estómago a causa de la languidez que sentía a esa hora, veo que eran las 11 p.m. y que había recibido un mensaje de mis amigas unos minutos antes, avisándome como acordamos, que estaban camino hacia el encuentro Palermitano. Yo cansada, comienzo a juntar las cosas para salir a casa y guardar todo en mi *carry-on* donde llevaba la notebook, los documentos, cargadores, libros y todo aquello que me permitía seguir conectada durante el fin de semana, si lo deseaba.

Voy en sentido a la cochera que en ese momento estaba a media cuadra del edificio y ¡me cruzo con ellas!, diviiiiiinas ¡arregladas y sonrientes! dispuestas a pasar una noche genial de aventuras, yo estaba vestida con traje corporativo, sin maquillaje, los pelos revueltos y la vista cansada. En eso nos chocamos, literal, levanto la mirada porque me sonaron familiares las risas y me dicen ¡vaaaamos! a lo que respondo que además de sentirme cansada, quería evitar hacerlas pasar vergüenza, ya que si bien la idea era ponernos al día mientras tomábamos unos tragos, siempre existe la posibilidad de conocer gente y sinceramente con mi look en ese momento, la mejor idea era dejar mi encuentro con ellas para otro día, a lo que luego de una carcajada conjunta, me miran, sonríen de manera cómplice conmigo y acuerdan con mi decisión, nos despedimos con abrazo...

Amo los encuentros con amigas, tanto como amé ese tiempo donde revisaba y ajustaba el proyecto que analizaba, eso es sentir pasión por lo que hacemos, esa sensación de perder la noción del tiempo por estar inmersa en hacer aquello que te apasiona.

Algo sobre la pasión y el éxito ...

La pasión es un ingrediente fundamental que te ayuda a alcanzar tu éxito. ¿Por qué? Pues para lograr la excelencia, explica una teoría de Malcolm Gladwell[2], junto con algunas habilidades y talentos, se requieren alrededor de 10.000 horas de inversión en el campo. Por eso es por lo que se considera que la pasión es fundamental, ya que no estarías dispuesto a invertir

---

[2] Libro Outliers – Malcom Gladwell

HABILIDADES DEL CORAZÓN

10.000 horas en algo que no te apasiona.

Pero el hecho de que la pasión esté presente no es suficiente para tener éxito. La pasión te da la fuerza y el empuje para seguir adelante a conquistar lo que quieres, pero sin habilidades, la energía sola no lo logra, a lo sumo lo que hace es darte el motor que te permite aprender determinadas habilidades que te puedan faltar, pero debe existir una entrega fundamental de parte tuya.

Roger Federer / Rick Allen

Siempre es más sencillo mostrar las pasiones en un deportista o un artista que en un ejecutivo, por eso nos es más fácil pensar en Roger Federer, el primer suizo en ganar un *Grand Slam*, quien cuenta que su carrera cambió a partir del 2003 cuando decidió setear en su cabeza que podía lograrlo y en julio de ese año se convirtió en el ganador de Wimbledon. También recuerdo el caso de Rick Allen, famoso baterista de la banda Def Leppard, quien a poco tiempo de formar la banda, le amputan su brazo izquierdo, consecuencia de un accidente donde se lesiona su miembro. Y si bien ingresa inmediatamente en un pozo depresivo, regresa a la actividad, gracias al apoyo de su compañero Joe Elliot y un grupo de ingenieros que acondicionaron especialmente la batería para poder manejarla con una sola mano. Rick con gran entrega y sacrificio, vence la adversidad debido a la pasión que le generaba hacer música y tocar dicho instrumento.

Pero les aseguro, que la pasión de Roger o de Rick, también la sentimos las mujeres que desarrollamos nuestras pasiones en otros ámbitos, artísticos, deportivos, culturales y también profesionales y empresariales.

Frida Kahlo

Pero como de mujeres se trata, tenemos una lista de excelentes referentes y fuentes de inspiración para trabajar en nosotras y en nuestro desarrollo. En este capítulo, haciendo honor a su temática, quiero citar, a una entre otras tantas mujeres apasionadas que dejaron huella, como Frida Kahlo, quien logró trascender a través de sus innovadoras obras de arte y que en la actualidad es recordada como una de las artistas más famosas del siglo XX. Fiel a sus pasiones, buscó hacer las cosas de manera diferente y respondiendo a ellas, desde la pintura hasta cuestiones más personales de su vida como su orientación sexual y el desafío a los estereotipos.

Ahora bien, para cerrar el capítulo, ¡quiero dejarles algunas preguntas inspiradoras, que las aliente, las movilice y las invite a comenzar a dinamizar el hacer!

HABILIDADES DEL CORAZÓN

Preguntas para tu propia reflexión

1. *¿Sentís pasión por lo que hacés?*
2. *¿Sentís que contás con una fuente infinita de energía cuando trabajás en el proyecto que tanto esperabas?*
3. *¿Sentís que no estás estresada, aun durmiendo 4 horas o trabajando los fines de semana contra reloj buscando sobrepasar los objetivos?*
4. *¿Sentís que estás como pez en el agua?*
5. *¿Sentís que despertás y luego de una buena ducha te llevás el mundo por delante?*
6. *¿Sentís que sos parte fundamental del engranaje?*
7. *¿Sentís que con tu hacer cambiás una partecita del mundo?*

Si no estás sintiendo nada de esto, entonces te invito a explorar con estas otras preguntas:

1. *¿Qué cosas te hacen sentir plena?*
2. *¿En qué área vibras? ¿Te gusta el arte? ¿Te gusta relacionarte con personas? ¿Sos buena planificando? ¿Encontrás soluciones donde otros no? ¿Tenés habilidad para la expresión corporal? ¿Te resultan mágicos los números? ¿Te divierte organizar cosas?*
3. *¿Sos curiosa? ¿Aceptás riesgos? ¿Cómo te llevás con las cosas nuevas?*

¿Tenés algún sueño que siempre postergaste por parecerte muy loco o imposible?

2. CARISMA

"El carisma es una chispa en las personas que el dinero no puede comprar. Es una energía invisible con efectos visibles".
Marianne Williamson.

"Las personas que aman la vida tienen carisma porque llenan la habitación con energía positiva".
John C. Maxwell.

Cuando nos referimos a carisma, entendemos su origen en un vocablo griego que significa "agradar", de allí se desprende el término carisma, refiriéndose a la capacidad de las personas para atraer y cautivar a otras. El carisma es algo innato y forma parte de la personalidad del ser humano. Quienes poseen carisma personal, exhiben valores y creencias que atraen a sus seguidores y a la vez son imitados por estos. Palabras como competencia, integridad, ética, pasión, fortaleza y confianza están unidas al concepto de carisma.

Se la identifica como una capacidad asociada al éxito, basándose en la concepción de que al carismático le va bien en la vida. Por este motivo muchos afirman, que ayudando a una persona a

HABILIDADES DEL CORAZÓN

reforzar su autoestima, sus capacidades como orador y su apariencia, entonces estamos ayudando a alguien a ser carismática.

La doctrina que sostiene el sociólogo Max Weber, considera que el carisma permite ejercer alguna forma de poder, ya que los individuos advierten una personalidad extraordinaria en el líder carismático y por esa razón, permiten ser conducidos por él. No siempre el líder carismático es positivo al entorno, de hecho este tipo de liderazgo fue el que posibilitó a Adolf Hitler, por ejemplo, construir y ejercer su liderazgo y el poder, de una manera destructiva y carente de racionalidad.

La gran mayoría de los líderes tienen un carisma especial, que en gran parte pesa más que sus méritos profesionales o intelectuales; y por esa habilidad, es que tienen el poder de agrupar a sus seguidores y lograr que éstos crean en sus palabras y cumplan sus pedidos y adhieran a sus propósitos.

Seguramente coincidiremos que un líder carismático es alguien que conecta acertadamente con los otros, saca lo mejor de cada uno, y sobre todo sabe conducirse y adaptarse a los diferentes contextos. Son desenvueltos, espontáneos y transmiten confianza y optimismo. Portan una especie de magnetismo que inspira a otros a seguirlos. Por esa razón es que los expertos concluyen que el carisma, es una de las formas más poderosas de liderazgo, como se identifica en personalidades tales como la de Gandhi,

Hitler, Roosevelt, Napoleón, Kennedy y Barak Obama entre otros.

Características de un líder carismático

Tiene gran capacidad de convicción. Capaz de modificar la escala de valores, creencias y actitudes de sus seguidores. Es excelente motivador, apto para asumir riesgos, crea admiración y tiene visión de futuro.

También resulta importante entender que no se trata tan sólo de ser carismático, sino de comportarse como tal. Ente las características más comunes de estos líderes, las que encuentro más asertivas son:

El saber escuchar y reflexionar sobre las ideas del otro, con apertura, sin prejuicios y sin desvalorizarla por no coincidir con las suyas. Esta habilidad es muy importante ya que ninguna persona con carisma recibirá la confianza de los demás si estos perciben que su superior ignora las propuestas ajenas, y solo consideran validas únicamente las propias. El líder carismático se interesa por lo que le pasa al otro.

Inspira y genera confianza, esta habilidad es fundamental y es de las que se obtienen a través de la experiencia y de actuar con el ejemplo, por eso requiere de un tiempo de maduración, una persona no confía en otra repentinamente. Debe mostrar a través de su accionar la capacidad de reconocer y buscar soluciones a los errores propios y hacer comprender a los demás sus aciertos y equivocaciones. Y algo

HABILIDADES DEL CORAZÓN

fundamental que debe considerar, es que así como generar credibilidad y confianza requiere invertir tiempo, se pierde en un solo instante, y difícilmente ese líder vuelva a considerarse referencia entre sus seguidores.

Persigue la excelencia, y nunca se conforma, por ello la persona carismática cuando percibe algún error o injusticia en su entorno, no lo deja pasar y pone en marcha el proceso necesario para dar solución a tal problema. Su impronta carismática conduce a la acción, y ésta lleva a generar cambio.

Es visionario, por lo que más allá de tener buenas ideas, ser hábil en determinados campos o ser muy productivo, el líder carismático es capaz de elaborar un proyecto que lo distingue ya que puede anticiparse a lo que vendrá, cuando el resto mira sorprendido y hasta puede llegar a cuestionar sus ideas por falta de claridad y ausencia de visión futura que les imposibilita ver más allá de lo normalmente planificado o pautado en estándares.

Toma riesgos y se sacrifica, en virtud de la visión del objetivo que busca alcanzar. La persona carismática predica con el ejemplo, por lo tanto, actúa en consonancia con las ideas que propugna. No se puede pedir a los demás algo que uno no está dispuesto a dar.

Es creativo. Es así como el ingenio y la capacidad para separarse y hasta abandonar concepciones predeterminadas, distinguen a una persona carismática de otra simplemente competente. Sus aspiraciones son diferentes a las del resto de los mortales (conformistas), que requieren una serie de habilidades de diversa índole que les ayuden a encabezar proyectos. Es ya muy conocido el concepto que divulgó el genio Albert Einstein, el que refiere que si quieres resultados diferentes, debes seguir métodos distintos.

No critica a los demás, aunque éstos hayan cometido errores. Murmurar a espaldas de los compañeros, sólo conduce a la pérdida de confianza de estos. En el fondo, las personas más carismáticas lo son por mostrarse humanos, aunque pueda sonar paradójico: reconocen que un error lo puede tener cualquiera, aunque ellos sepan ocultarlo bien y recuerdan que lo importante es aprender de ello y no volver a repetirlo.

Hablan de "nosotros", no de "yo". El egocentrismo no es precisamente una cualidad frecuente entre las personas carismáticas; pero sí lo es, implicar a los demás en el proyecto que uno ha comenzado. Lo importante es el objetivo común y que cada uno adopte el papel que la empresa necesita, no la realización personal del líder.

Y acá va mi historia, relacionada con esta habilidad tan especial y particular como lo es el carisma.

HABILIDADES DEL CORAZÓN

Historia personal: Lograr reestructurar con el apoyo de todo el equipo

La industria de medios desde el año 1995 en adelante, viene atravesando una contracción de los volúmenes de negocio y resultados, producto en gran medida del incremento de los costos laborales dados por la elevada presión impositiva al trabajo. Así como también, el incremento de costos generados a partir de las mayores cargas y exigencias gremiales que las empresas vienen compensando a través del balance entre el incremento de los niveles de productividad y la disminución de dotación. Adicionalmente, el movimiento en la industria de medios es frecuente y constante, por lo que también las fusiones y adquisiciones están siempre a la orden del día y como ya saben, son procesos que afectan mucho a las personas y equipos de trabajo.

Lideré tres grandes reestructuraciones durante mi gestión como SVP de Human Resources Regional, así como en mi rol de Country Manager con base en Argentina para Latinoamérica de una reconocida empresa de medios.

Las mismas representaban un objetivo muy importante para la compañía, básicamente por tres razones fundamentales, la primera, porque la línea de costos laborales era la partida con mayor participación en los costos totales de la empresa. En segundo lugar, el negocio dependía de la mano de obra que generaba una gran contingencia por la dependencia del recurso humano en diferentes puntos del proceso, tanto en la inserción del material como en la subida de la señal al satélite. Y en tercer lugar por el daño colateral que podía recibir la marca, ante el impacto potencial en el caso que mediáticamente el proceso alcanzara una repercusión negativa.

Con todo esto, me dispuse a liderar estos proyectos de reestructuración, en diferentes momentos, todos ellos importantes y de gran impacto, pero me voy a detener en el último, por tratarse además del proceso que impulsó adicionalmente mi salida de la corporación.

Todo comenzó hacia mediados de 2013 cuando el análisis solicitado por los nuevos accionistas arrojaba una pésima ecuación en relación con la continuidad del negocio basado en Argentina, ya que desde acá producíamos, comercializábamos y llevábamos adelante la operación completa para Latinoamérica.

Este resultado llevó a tomar la decisión de reducir la operación en Buenos Aires a la mínima expresión, 70 vs 350 empleados en ese momento, y de generar diferentes centros de producción y oficinas comerciales en países de la región con mejor ratio de calidad de profesionales, costos laborales, presión impositiva y seguridad jurídica.

Para ese entonces yo tenía dos sombreros, SVP HR Regional y Country Manager Cono Sur, por eso, una vez tomada la decisión, me ofrecieron quedarme con la posición de HR basada en Miami, considerando

HABILIDADES DEL CORAZÓN

que la de Country Manager desaparecía del organigrama.

El análisis y decisión de mi traslado, lo dejaré para otro capítulo de este libro, pero donde me quiero detener es en el manejo y liderazgo de este proyecto, que acepté liderar y que requirió de una detallada planificación que contemplaba varios aspectos, desde revisar planes de salida, negociaciones sindicales, comité de crisis, planes de contingencia, manejo de clima laboral, gestión de cambio, *startup* de nuevos territorios y *downsizing* de Argentina, definición de GANTT, costeo del proyecto y negociación de fondos y partidas.

Una tarde de domingo en mi escritorio, me siento enfrente del plan terminado, con una taza de té caliente, sintiendo el vértigo al que me anticipaba el día siguiente. Tenía que comenzar a involucrar a todo el equipo, ya que solo 3 de ellos me habían acompañado hasta ese punto, y es en ese preciso momento que decido que será el carisma y los atributos que el este aporta, los que me iban a permitir navegar en esas aguas turbulentas.

Lo que les comento ahora, no fue que apareció en mi mente en ese momento con la claridad conceptual que tengo al escribir este libro, sino que simplemente comencé a pensar de qué manera iba a manejar cada parte y el proyecto en su conjunto. Por ejemplo, supe que lo mejor, era comunicar a mis reportes directos de manera transparente de que venía el proyecto y escucharlos, recibir sus ideas, sus críticas y sobre todo sus emociones, para poder mejorar las cosas donde tuviéramos margen para hacerlo, ajustar los puntos que eran susceptibles de ser perfeccionados y apoyar y acompañar las ansiedades, sentimientos de incertidumbre, vértigo, miedo y hasta angustia que naturalmente se presenta en estos casos. También pensé estar siempre muy cerca de ellos y de sus equipos, comunicando en todo momento mi visión compartida con los nuevos accionistas en relación con la oportunidad del crecimiento del negocio. Me ocupé de brindar apoyo e inspirarlos a encontrar nuevos sueños, buscar nuevos horizontes, ya sea ocupando roles diferentes en la empresa una vez reorganizada, o desafiarse a desarrollar otros roles fuera de la compañía, los empujé a salir de la plácida zona de confort, donde estaba segura de que todos podían dar más de lo que habían desplegado hasta ese momento.

Todo tenía que salir perfecto y eran muchas variables, todas con un elevado grado de complejidad, eso me llevó a invitarlos a diseñar un tablero que nos permitiera monitorear, calibrar y ajustar las diferentes acciones del proyecto.

Por supuesto que se trató de tomar un riesgo, y dentro del proyecto, muchos más surgieron periódicamente, pero desde la delantera les extendía la mano para que se sintieran apoyados, me sigan y puedan ver que había más luz delante que detrás de lo que estábamos dejando y reconstruyendo.

HABILIDADES DEL CORAZÓN

Busqué contagiar e invitar a mi equipo a perseguir la excelencia en cada paso, ver cómo podíamos mejorar, cómo perfeccionar cada cosa que estaba pensada, cómo íbamos construyendo más y mejor juntos.

Revisamos el pulso de la empresa todo el tiempo, dediqué horas y horas a hablar con las personas, siempre de manera transparente, explicando que las condiciones actuales, en las que el negocio de la empresa se desarrollaba, no resultaban viables para sostenerse en un futuro, también les enseñé las posibilidades beneficiosas que la empresa brindaba para su salida, la forma en la que podía acompañarlos, recomendando sus habilidades, conocimientos y experiencia para desarrollarse en otras compañías. Era una realidad de la cual ellos no salían por un mal desempeño, muy por el contrario, estaban siendo expulsados por una organización que no tenía manera de continuar brindando oportunidad de empleo, pero muchos de ellos contaban con algún proyecto, o sueño arrumbado, o tenían algún familiar o amigo con cierto desafío en donde aportar, en fin, cientos de oportunidades que solo había que ayudarlos a visualizar, a desarrollar, acompañándolos, escuchándolos, conteniéndolos y permitiéndoles que abrieran el camino.

También, monitoreaba el clima general y preparaba todo para el cambio que se venía, para que los empleados que quedaran en la estructura, pudieran hacer propio el nuevo modelo de negocio y se adueñaran de los desafíos, funcionando de manera que garantizaran dar lo mejor, como hasta ahora, e incluso, tomaran alguna oportunidad de desarrollarse en un área o posición alternativa que les brindara un crecimiento en sus carreras.

Pero a no confundir, estas cualidades propias del carisma fueron absolutamente necesarias pero no suficientes, por lo que no dejaban de conjugarse y ensamblarse todo el tiempo con la búsqueda del objetivo general de la compañía, que con visión, determinación, orientación a resultados y excelencia no perdía de vista ni un instante.

El proyecto, concluyó en término, ocupando los 24 meses del GANTT, alcanzando todos y hasta superando algunos objetivos establecidos por los accionistas, mejorando indicadores en todas las áreas y aportando valor a la compañía a nivel internacional.

Si bien es cierto que muchas personas son carismáticas de manera innata, muchas de las características del carisma que he mencionado, son perfectamente posibles de desarrollar y poner en práctica, recorrer el camino y superar las diversas situaciones que se presentan en un campo de acción, permiten desplegarlas, equivocarse y mejorar.

Coco Chanel

A quien quiero traer de manera especial en este capítulo es a Coco Chanel, ya que si hay alguien quien marcó un antes y un después en

HABILIDADES DEL CORAZÓN

el mundo de la moda, a través de su carisma, esa fue Coco. Durante la Primera Guerra Mundial se atrevió y dejó de lado los opulentos vestidos femeninos y adaptó prendas tradicionalmente masculinas con un estilo sencillo y cómodo. También desarrolló líneas de productos complementarios, como bolsos, perfumes, sombreros y joyas. Se trata de la única diseñadora de moda que figura en la lista de las cien personas más influyentes del siglo XX de la revista Time.

MARISA PIÑEIRO

Preguntas para tu propia reflexión

1. *¿Cuántas veces aplicaste tu carisma en situaciones que te permitieron salir mejor?*

2. *¿En cuántas oportunidades, haber manejado algunas situaciones con carisma te hubiera ayudado a lograr mejores resultados?*

3. *¿Como estás con relación a tu escucha? ¿Tomás en cuenta las ideas y opiniones de otros?*

4. *¿Y tu visión? ¿Sos de tomar riesgos?*

5. *¿Cómo podrías desmitificar que el carisma es exclusivo para algunas personas?*

6. *¿Tuviste oportunidades, de cualquier tipo, laborales, deportivas o familiares, en donde motivaste a otros?*

7. *¿Sos creativa? ¿Buscás maneras diferente de hacer las cosas?*

8. *¿Sos de las mujeres que tiene un gran ojo crítico para identificar los errores afuera pero no cuenta con autocrítica?*

9. *¿Cómo venís con el ejemplo? ¿Actuás como pregonas y exigís a otros?*

10. *¿Te animás a desplegar tu imaginación y visualizarte con carisma en alguna situación que elijas? ¿Cómo te ves? ¿Qué dejarías y qué cambiarías?*

3. CONFIANZA

> "Si a las personas les gustas, te escucharán, pero si confían en ti, harán negocios contigo".
> ***Zig Ziglar***

> "Es la confianza mutua, más que el interés mutuo, la que mantiene unidos los grupos humanos".
> ***H. L. Mencken***

> "Se necesitan 20 años para construir una reputación y cinco minutos para arruinarla".
> ***Warren Buffett***

Confianza es una habilidad que considero sumamente importante y que abordaré tanto en lo referente a tener confianza en uno mismo como en la confianza hacia los demás. Es mi intención ayudarte a comprender cuál es su importancia y por qué debemos cultivarla más y mejor.

En sociología y psicología social, sostienen que la confianza es la creencia en que una persona o grupo será capaz, y deseará actuar de manera adecuada en una determinada situación.

Ser honesto, noble, honrado y justo en el hacer y

en el trato hacia los demás genera confianza. En cambio, la persona a quien sólo le importan sus propios intereses, y hace cuanto sea con el objetivo de satisfacerlos, genera desconfianza.

La confianza se verá más o menos reforzada en función de las acciones y de los valores. Confianza y credibilidad son las reglas de oro por el cual se miden las relaciones personales y que también aplican a los vínculos entre las personas y las marcas.

Respecto de la confianza hacia terceros y cómo generar credibilidad en los demás, sean estos tus reportes y sus equipos extendidos, clientes, accionistas, proveedores y muchos otros, me gustaría comentarte sobre algunas acciones que lo hacen posible y casi sin darte cuenta:

Sé honesta en todo momento, aun cuando serlo signifique alguna pérdida para vos, puede que así sea esta vez, pero te garantizo que genera vínculos increíbles a largo plazo, basados en credibilidad al ciento por ciento.

Siempre es mucho mejor ser sincera por adelantado, reconocer errores, exponer lagunas y hasta mostrarse vulnerable, porque esa situación definirá los cimientos de lo que se pueda y logre construir, caso contrario no solo no genera confianza y credibilidad, sino que la destruye completamente.

HABILIDADES DEL CORAZÓN

Historia personal: Los beneficios de hacer lo correcto

Siempre con honestidad atravesé más de una situación, pero la más fuerte y emblemática fue cuando elaboré y presenté el informe de negocios y asesoré a los accionistas sobre la conveniencia de no mantener la operación en Buenos Aires, aunque ello significara que desapareciera mi posición de General Manager que tanto disfrutaba. La realidad fue que, si bien dejé la posición, me brindaron la posibilidad de ir como SVP HR Global a NYC. Dejé un vínculo increíble con Josh Sapan y Ed Carrol en AMC Networks y además me habilitó abrir un nuevo capítulo junto al Ingeniero Hernán Lombardi, quien me invitó y subió al desafío de transformar los Medios Públicos de Argentina, permitiendo dejar huella en mi país, en la industria que tanto amo. Y también me preparó mucho mejor para comenzar a delinear el camino en el que hoy estoy transitando más que feliz, más que dichosa.

Aprender a decir que no

Por eso, nunca distorsiones la realidad, andá al grano y de manera trasparente, comentando ventajas y desventajas, irás por el camino seguro.

No prometas nada que no puedas cumplir, ya que tarde o temprano será peor el remedio que la enfermedad.

Algunos profesionales no resisten decir que no al

gerente, a su jefe, a un superior, a un cliente acerca de algo. Pero recuerda que un "no" a tiempo es mejor que muchos sí cuando tal vez no cuenten con respaldo a ser cumplidos.

No aceptes ni ofrezcas regalos o sobornos, ya que siempre están mal vistos, te dejan en la puerta de recompensar con un favor que quizá no quieras estar dando y adicionalmente resulta poco ético desde los principios.

Cuando no tienes en tu empresa un área o responsable de Compliance, que se ocupa de definir, implementar y comunicar estas reglas específicas, que desalientan y hasta impiden las malas prácticas, busca evaluarlas por un filtro de pasa o no pasa, orientado a extrema prudencia, ya que siempre te ayudará.

Estar seguro de nuestro valor

Ahora con relación a la confianza personal, déjenme comentarles que la confianza en uno mismo significa estar seguro de nuestro propio valor, capacidad y poder, independientemente de la situación en la que nos encontremos. Alguien que es seguro, tiene entonces un fuerte sentido de autoestima y confianza en sí mismo, que se traduce expresando serenidad, sosiego y autoconciencia.

Por eso es muy importante desarrollar la confianza o seguridad en vos misma, ya que esto te llevará a vibrar, sintiéndote segura de vos y de tu talento. ¡Pero cuidado! nunca desde un lugar soberbio y arrogante, sino de una forma realista, que no signifique sentir superioridad sobre los demás, sino brindando un aporte único y diferente, desde un lugar interior que te permite saber que eres capaz de hacer tal o cual cosa y que te invade de calma, paz y tranquilidad. Que te permite afrontar todo con más templanza, con convicción, y también te habilita a transmitir al otro que eres una persona capaz y que puedes aportar.

Todas las personas, hombres y mujeres, hemos sentido falta de confianza o inseguridad en uno mismo en varios momentos de la vida, esto va desarrollando una barrera entre lo que somos y lo que queremos ser.

Y acá tengo una mala y una buena noticia para darte. Empiezo con la mala, la falta de confianza definitivamente limita el potencial que tienes, y se convierte en un obstáculo para lograr tus objetivos. Pero ¡la buena noticia! es que abandonar el sentimiento de miedo e inseguridad y ganar confianza, es una habilidad que se aprende y desarrolla, por eso te invito a ponerla en práctica.

La falta de confianza en vos misma, sin duda está relacionada con el miedo, ya que si no crees en vos y sentís miedo de no poder lograr tu objetivo, entones ni siquiera lo intentas.

Alguna vez escuché una representación sobre esta situación que me pareció muy gráfica y que la traigo para compartirla. Imagínense ustedes en la orilla de un puente, ¿ok? ¡Queriendo!, ¡deseando estar del otro lado del puente! ¿Sí? Pero sintiendo que tienen los pies casi pegados en el lugar donde están, y que cada vez que despegan uno de ellos para avanzar un paso, se aceleran las palpitaciones y comienza el sudor frío, y vuelven al mismo lugar donde los síntomas se van normalizando, ¿queda claro? Bueno, la orilla donde están es la zona de confort, la orilla donde quieren llegar es lo que desean lograr, y en el medio del puente existe como una línea imaginaria de miedo que impide avanzar hasta el otro lado, el objetivo.

Muchas veces sentimos miedo, falta de confianza en nosotras, miedo a la exposición, al qué dirán, a fallar cuando estoy estudiando algo nuevo, dar mal un examen, fracasar en un proyecto, no concretar un sueño, defraudar a alguien. Y podría mencionar un cúmulo de situaciones cotidianas y mucho más sencillas como un corte de pelo, viajar solas, aprender a cantar o bailar, acercarnos a alguien y decir *¡hola!* Y así podría hacer una enorme lista de cosas…

Pero la invitación es a pensar ¿qué pasa si lo intentamos? Es maravillosa la sensación de ponerse en marcha, es justamente la energía lo que permite salir de la zona de seguridad. Y cuando uno se mueve, lo que hace es ampliar esa zona, haciendo que la seguridad en nosotras mismas cada vez resulte más amplia.

Las razones por las que sentimos falta de confianza son básicamente por pensamientos negativos, más del 50% de nuestros pensamientos lo son, en todas las personas, no es exclusivo de las mujeres ni te pasa solamente a vos. La mayoría de las veces están basados en experiencias negativas del pasado, pero la falta de confianza se agudiza cuando te paralizás y no lo intentás. Quiero que siempre recuerdes esta reflexión: <u>no es el fracaso lo que está destruyendo tu confianza, sino el no volver a intentarlo.</u>

Un ejemplo que grafica esta situación excelentemente, es la estadística que muestra que los jugadores de béisbol con los registros más grandes de *home runs* (mejores jugadas) también tienen los mayores registros de *ponches* (peores jugadas), por lo que claramente está probado que salir de la zona de confort, cruzar la zona de miedo, nos lleva a la zona de acción y de allí a la zona de éxito.

Pero, existe otra causa que suele alimentar la inseguridad o falta de confianza, y se trata de las expectativas pesimistas. En general, desarrollar la expectativa que todo saldrá mal, genera mecanismos de defensa que permite que no te decepciones si fallas y obtienes una linda sorpresa si tienes éxito.

Realmente esta lógica no es la mejor forma de tratar con la inseguridad, ya que las investigaciones demuestran que el pesimismo minimiza tu rendimiento. Adicionalmente, también influye en tu lenguaje no verbal, ya que la inseguridad no solo se siente, sino que además se demuestra; y este lenguaje no verbal tiene influencia hasta en donde menos te lo puedes imaginar. Así es como diferentes estudios han demostrado que las personas con posturas triunfantes tienen menor nivel de estrés y el cerebro más relajado versus los que poseen posturas encorvadas de derrota.

Mejorar tu nivel de confianza te brinda seguridad, y tiene un impacto directo en la autoestima.

Ya que la autoestima a diferencia de lo que muchos creen, no es genética, y tampoco debe depender de otro/s. Aumentar tu confianza implica trabajar en aquellas áreas en las que crees que no eres muy buena, y la buena noticia es que ¡lo podés cambiar a partir de hoy!

Por todo esto, te contaré mis experiencias tanto en lo que tienen que ver con la confianza en mí misma, como en la confianza en relación con terceros.

Historia personal: Entrenarse para generar confianza en uno mismo

Acá les voy a contar una experiencia, que realmente es digna de enmarcar, por la enseñanza en lo personal para mí y quiero decirles que si yo pude con esto, no hay nada que ustedes no puedan superar. Fue en ese camino de salir de la zona de confort, y cruzar el miedo para entrar a la acción y el éxito cuando yo me embarqué al aceptar la invitación de mi jefa Amy Blair, por ese entonces SVP HR Global, para que dé una conferencia. No cualquier conferencia, la conferencia de apertura, donde se me invitaba a exponer como caso de éxito un innovador plan de beneficios flexibles que habíamos diseñado e implementado con mi equipo, el cual había recibido 2 premiaciones a nivel local, motivo por el cual la corporación quería revisar la posibilidad de implementarlo en el resto de las operaciones de Asia, Europa y EE.UU.

Hasta acá estamos perfecto, en esta etapa ya había superado el *panic attack* de hablar en público, les podría llegar a decir que hasta me sentía cómoda haciéndolo, me seducía mucho el honor de presentar el proyecto que habíamos creado en Argentina, y que el mismo se replicara e implementara en el resto de las operaciones del mundo; solo restaba un detalle ¡la conferencia sería en inglés! Ya que los participantes del ANNUAL HR GLOBAL MEETING proveníamos de diferentes países con lenguas nativas diversas y el idioma común era el inglés.

Quiero contarles que yo había estudiado francés durante mi formación media, y los idiomas nunca fueron un área donde me destacara, ni tampoco cuento con facilidad para el aprendizaje de otras lenguas. Al contratarme la compañía, no había sido un requisito la comunicación bilingüe, pero con el paso de las fusiones y adquisiciones y los cambios accionarios, esta competencia resultó ser un *must* para desempeñarse exitosamente en un puesto, como el que yo ocupaba en ese momento de HR Senior Vice President, ya que debía comenzar a comunicarme con ejecutivos y colegas americanos nativos, emitir reportes y responder consultas vía correo electrónico en inglés. Para ello, me brindaron una capacitación intensiva que ¡aproveché al máximo! Diariamente recibía durante una hora al día, capacitación individual y durante 3 veces por semana una clase adicional con el *controller* y actual amigo Fernando Melano, quien estaba igual que yo en cuanto al nivel del idioma y que transpiraba tanto como yo cuando debía asumir una exposición en idioma extranjero. Quizás la única diferencia con Fernando era que yo tenía una barrera menos en hacer presentaciones en nuestro idioma, pero a nivel de inseguridad, esta falta de confianza de la que vengo hablando, la teníamos ambos igualmente desarrollada. Recuerdo largas charlas que teníamos cuando trabajábamos en algún proyecto juntos, donde nos autoconvencíamos mutuamente sobre la necesidad de mejorar ese aspecto de nuestro desarrollo, y a la semana ahí estábamos tapados de trabajo, y con dificultad para dedicarle tiempo fundamental para mejorar el idioma inglés, y nos jugaba una mala pasada a la hora de poner esta habilidad a prueba.

Pero, se había presentado un nuevo escenario, yo había recibido una invitación, una convocatoria para brindar una conferencia. Por supuesto que una posibilidad era excusarme por no contar con las habilidades idiomáticas requeridas para presentar el proyecto, o podía poner todo para entrenarme a saltar la línea del miedo, y entrar a la zona de acción para poder alcanzar el éxito; ¿se imaginan que opción tomé? Sí, sí, me entrené, ya no solo 8 horas semanales en las cuestiones de enseñanza básica del idioma, además contraté por mi cuenta, un coaching en idioma que me preparó en conversación. Preparé, con ayuda del equipo, una presentación increíble, pero además, armamos con mi coach de idioma, unos trucos de efectos con palabras claves y diseñamos un *speech* que lo practiqué ¡cientos de miles de veces! Hasta me lo grabé en un CD y lo escuchaba cada vez que tenía oportunidad: manejando diariamente, al salir a correr durante el fin de semana, en un baño de inmersión, hasta en el vuelo de avión que me llevó a Londres, donde se realizaba el encuentro.

Lo que me tenía más preocupada, ya que mi *speech* lo podía aprender y de hecho así lo estaba haciendo, eran las preguntas que me podían sorprender y yo no saber responderlas, entrar en pánico, y quedarme absorta en esa situación. Pero también eso lo preparé, le pedí a mis colegas chilenos, con los que compartíamos un excelente nivel de camaradería y ¡quienes padecían el idioma muchísimo más que yo! que me hicieran una pregunta, cuya respuesta también tenía ensayada, y ese recurso me brindó una seguridad adicional.

Para ponerlas en contexto, mi sorpresa adicional la recibí cuando al buscarme el auto en el aeropuerto de Heathrow me llevó 90 millas a las afueras de Londres, lugar donde se desarrollaría el ANNUAL HR MEETING ese año. Pero no imaginan que me encontré al llegar… ¡un castillo! si, un castillo que había sido reconstituido y explotado como hotel. El lugar era divino y la sensación era estar dentro de un cuento. Y en ese castillo íbamos a estar presentes los cien principales ejecutivos de la corporación que representaban las diferentes operaciones en todo el mundo.

¡Por fin llegó el momento! el lugar donde se desarrollaba el evento fue en lo que antes era el salón en el que hasta hace cien años la nobleza propietaria de esa majestuosa construcción ofrecía sus banquetes a la realeza británica.

En fin, ¡una gran y desafiante oportunidad para probar mi confianza! no les voy a negar que me temblaban un poco las piernas, cuando me tocó pasar frente a todos, pero improvisé una linda apertura donde les dije:

Well, I am Marisa Piñeiro, as many of you know I come from Argentina, almost at the end of the world! Before starting the presentation, I would like to share with you an important fact and that is that my parents loved choosing a French school for my education, so... I started studying English just a year ago (I smiled in an honest way and everyone laughed out loud) so at that moment I finished saying, but! I will do my best! (I took a deep breath and started).

(Va mi traducción. Soy Marisa Piñeiro, como muchos de ustedes saben vengo de Argentina, ¡casi el fin del mundo! Antes de comenzar la presentación, me gustaría compartir con ustedes un hecho importante y es que mis amados padres eligieron una escuela francesa para mi educación… por lo cual yo comencé a estudiar inglés solo 1 año atrás (y sonreí buscando complicidad en la audiencia y todos rompieron a reír) y en ese momento

HABILIDADES DEL CORAZÓN

terminé diciendo: ¡Pero! ¡Haré lo mejor que pueda! (tomé aliento y comencé).

La presentación fue un éxito y gané una gran cuota de confianza, y a partir de allí, ¡no me paró nadie!

Historia personal: La confianza en mi equipo

También tengo una experiencia para contar con relación a la confianza de mi equipo y hacia mi equipo. Se trató además, de un momento muy duro de mi vida personal, que me puso a prueba en muchos aspectos y también en el plano profesional y como líder.

Me encontraba acompañando a mi pareja transitando una dura y larga agonía, internado en un sanatorio de Palermo a pasos de la empresa. Ya venía agotada de ocupar varios lugares difíciles, delicados y a su vez con gran nivel de fragilidad emocional y hasta físico, dado que la situación que estaba viviendo no me permitía ni alimentarme, ni dormir bien y las preocupaciones no dejaban de invadir mi mente. Afortunadamente, tenía como jefe a Alejandro Harrison, que además de ser un profesional sobresaliente, es un ser humano increíble, que me brindaba la flexibilidad necesaria para que pudiera manejar mis funciones en un ritmo más tranquilo y de manera más relajada, brindándome su apoyo y cubriéndome en todos los aspectos que dependían de mí. Pero tengo una personalidad de las que se comprometen, que no se sacan las responsabilidades de encima, es más, me sucede todo lo contrario. Afortunadamente, además de un gran jefe, tenía un muy buen equipo, en quien no había delegado lo suficiente hasta ese momento, porque no confiaba totalmente en su experiencia, y era algo que ellos percibían, razón por la cual también actuaban sin dar una entrega del 100%, ya que "Marisa todo lo puede".

Hasta que Marisa tuvo que poder con otro tema más importante que su posición y sus responsabilidades corporativas, tenía que acompañar a su pareja y despedirse de un gran amor en su vida. Por lo que sin deprimirme e intentando armarme en el día después, internada en la suite del sanatorio donde pasaba la noche a su lado, luego de dejar a Cala con mis papás, me duchaba en la mañana, cuando venía a reemplazarme su hermana o su mamá, y yo me iba a trabajar a la compañía, pero sin poder dejar de pensar un minuto, como estaría, que pasaría, si se despertaría, si me llamaría... entonces a la tercer mañana, decidí llamar a mi secretaria, pedirle que me organice una reunión virtual con mis reportes directos, un desafío extra ya que para ese momento no había tantas herramientas tecnológicas a mano, y ¡ella lo logró!. Al conectarme, todos me miraron de manera desconcertada ¿Qué hacía yo en otro lugar que no fuera la empresa a las 10 a.m.? Y fue el momento en que me mostré vulnerable, les conté sobre mi situación y la decisión que había tomado absolutamente necesaria, de apoyarme 100% en ellos para manejar la compañía. Les indiqué los puntos críticos, les resalté a todos y cada uno de ellos sus fortalezas, les pedí colaboración mutua, también les solicité que confiaran en mi criterio de asignación de algunos trabajos, les recordé y reafirmé la libertad que siempre tuvieron para recurrir a mí por cualquier situación que necesitaran y así fue como manejé la operación de la empresa prácticamente a control remoto. Fue un momento de mi vida muy triste, pero donde rescato a nivel profesional, esta tremenda enseñanza práctica que me dejó la situación, ya que luego de esa experiencia, el desempeño y la relación con el equipo fue mejor y mejor.

Clara Campoamor

Fue difícil la elección de una mujer que haya dejado enseñanza en relación con la confianza, ya que todas, en mayor o menor medida, han logrado dejar huella por su confianza en sí mismas, y en las personas en quienes se apoyaron para alcanzar su objetivo.

Pero en este caso es Clara Campoamor quien me resuena como una gran referente de la confianza; quien fue una destacada escritora, política y defensora de los derechos de la mujer española. Nunca ocultó sus ideales republicanos. Por ello, cuando se proclamó en abril de 1931 quiso estar en la sala de máquinas del nuevo régimen para intentar consagrar el principio democrático de la igualdad entre hombres y mujeres. Consiguió su asiento en las filas del Partido Radical, participó activamente en la comisión que redactó la Constitución y defendió el sufragio femenino en un memorable debate frente a 470 hombres y una sola mujer, Victoria Kent, que a última hora renunció a apoyarlo por razones de oportunidad: la mujer merecía el derecho, pero aún no estaba preparada para ejercerlo.

Se dice que logró el voto para las mujeres españolas, pero fue mucho más lo que hizo. Aquella mujer, ese primero de octubre de 1931, consiguió que España se consagre, por primera vez, con una democracia plena. La única sufragista en el mundo que lo logró desde la tribuna de un parlamento gracias a esas peculiares elecciones constituyentes del 31, en las que las mujeres no podían votar, pero sí ser elegidas. Desafortunadamente, murió exiliada en Suiza, pero fiel a sus ideas y segurísima de ella, de su hacer y de su legado.

La falta de confianza es un terrible compañero de viaje. Paraliza y hace que ni siquiera intentes luchar por aquello que tanto deseas, por lo que finalmente termina dejándote encerrada en una pequeña zona de confort

HABILIDADES DEL CORAZÓN

Preguntas para tu propia reflexión

1. *¿Te falta confianza en ti misma?*
2. *¿Tu miedo a fracasar te hace perder oportunidades una y otra vez?*
3. *¿Temés el ridículo? ¿Sos de las que nunca preguntaban en clase y tampoco hoy lo hace en las reuniones?*
4. *¿Cuándo fue la última vez que sentiste miedo de no poder lograr algo?*
5. *¿Qué aspectos te hacen sentir más vulnerable?*
6. *¿Practicás más de una vez conseguir alcanzar un objetivo que te resulta muy difícil, y en donde te cargaste de algún fracaso?*
7. *¿Qué situación recuerdas, en la que tuviste confianza en vos misma? ¿A qué se debió?*
8. *¿Qué situación recuerdas, en que tuviste total confianza en otros? ¿Cuál fue el motivo?*

¡Intentalo! Hacé una lista de cosas que no te animás, cosas simples, complejas, cotidianas, laborales, deportivas, las que quieras y de toda índole, y luego elige de a una por vez e ¡intentá, intentá e intentá! No temas al error, no temas al ridículo, no temas al qué dirán de ¡vos! ¡Simplemente hacelo! ¡Vas a ver qué bien se siente cuando finalmente lo consigues!

4. COOPERACIÓN / COLABORACIÓN

> "La clave del éxito empresarial es la cooperación. La fricción retarda el progreso."
> **James Cash Penny**

> "Forme un equipo. Reunirse es el comienzo. Trabajar juntos es el éxito."
> **John C. Maxwell**

> "Grandes descubrimientos y mejoras implican invariablemente la cooperación de muchas mentes."
> **Alexander Graham Bell**

Trabajar juntos es una cooperación.

Si se divide la palabra cooperación, notamos que co: significa juntos y operación: es un proyecto o trabajo. Cuando nos referimos a colaboración, lo entendemos como el proceso de dos o más personas u organizaciones que trabajan juntas para completar una tarea o alcanzar un objetivo.

La colaboración es similar a la cooperación. La mayor parte de la colaboración requiere liderazgo, pero un estilo de liderazgo colaborativo y no del tipo verticalista y autoritario. Daniel Goleman menciona en su libro "Líder Resonante", que no existe un único tipo de liderazgo ideal, sino que cada uno de ellos aplica mejor a una situación determinada, así es como en momentos donde se necesita enderezar el barco, por ejemplo, el líder autoritario es el más efectivo, este no es el indicado en otros estadios de maduración o situaciones para brindar aportes al equipo. De la misma manera que sucede con los otros estilos excelentemente descriptos por el autor, como el visionario, el coach, el afiliativo, el democrático, el del ejemplo o el autoritario, cada uno con sus ventajas y desventajas.

Si bien coincido plenamente con el autor, en mi opinión, el liderazgo más efectivo es el que desarrollamos respetando nuestra esencia y basados en nuestras fortalezas, trabajando en las áreas que nos suman y no tenemos tan desarrolladas. Ahora, no hay dudas de que uno puede llegar más rápido solo, pero definitivamente ¡llega más lejos acompañado! Y no solo más lejos, sino también ¡más sólido! y basados en construcción de relaciones más duraderas, por lo que está claro que, al menos actualmente, ya no es una opción que el líder no busque las ventajas de la colaboración, la cooperación que permite crecer, pero con otros. Está probado que los equipos que trabajan en colaboración en general acceden a mayores recursos, reconocimiento y recompensas cuando se enfrentan a competir por recursos finitos.

Forma parte de la vida en comunidad, y es

especialmente notoria en el ámbito laboral, organizacional, económico, político, diplomático y militar, entre muchos otros.

Así pues, la cooperación es fundamental para la vida en sociedad, debido a que es una mejor manera y más eficiente de gestionar los asuntos en función del interés colectivo.

Definitivamente, el liderazgo colaborativo es el opuesto al liderazgo competitivo, cuyo paso lo marca el interés individual.

Cuando un líder basa su gestión en el mando y control, y busca que los equipos respondan a sus necesidades, crea una cultura de discrepancia, buscando culpables y división entre los equipos de trabajo. Las decisiones son tomadas en forma autoritaria, por encima de cualquier otra alternativa que resulte ser mejor.

En cambio, si en una organización se comparte una buena idea, habrá más oportunidades de generar valor si otro la revisa, si alguien aporta otra mirada, una idea alternativa o amplifica las posibilidades de desarrollo de la idea y esto lo logra a través de la diversidad, que es una ventaja característica de una cultura de colaboración.

Las empresas obtienen mejores resultados cuando las personas están preparadas para liderar sus ideas y a la vez apoyar propuestas. Además, permiten generar ambientes positivos de trabajo, que mejoran el desempeño individual y colectivo de quienes forman parte de la misma, asegurándose en gran medida un futuro exitoso.

Cuando existe liderazgo colaborativo, a pesar de que el líder toma la decisión final, tuvo en cuenta las diferentes miradas y opiniones de sus colaboradores.

En este tipo de liderazgo, el objetivo es crear soluciones efectivas, basadas en el aporte de los diferentes puntos de vista de los colaboradores, aprovechando la experiencia y conocimientos que se unen para ampliar la perspectiva de los diferentes análisis y escenarios posibles.

Esto propicia muchísimos beneficios, como el aporte de mejoras, contar opciones de diferentes soluciones para el mismo problema, generación de oportunidades para el negocio, incremento de motivación de los colaboradores, creación de ambientes y usinas de innovación, desarrollo de equipos productivos y de alto desempeño, entre los más relevantes.

¿Cuáles son las características que nos permiten definir el liderazgo colaborativo?

Estas son las que a mi entender, selecciono como claves para identificar que estamos en presencia de un liderazgo colaborativo, pueden existir otras que complementen, pero no debería faltar ninguna de las que menciono a continuación.

- Crea redes de colaboración, ya que el deseo del líder de tener el poder crea barreras con los colaboradores y la pérdida de oportunidades de mejoras, por eso para dar lugar a un liderazgo colaborativo, es necesario dejar a un lado el deseo del control. Para lograr credibilidad, deberás trabajar en equipo, con quienes encontrarás las mejores alternativas; así los colaboradores desarrollaran la confianza necesaria para participar aportando su entusiasmo, conocimiento y aprendizajes.

- Propicia la generación de flujos de información, a la inversa de los líderes autocráticos, que consideran a la información como poder. Resulta importante entender que para desarrollar mejor las tareas, hay que tener acceso a la información adecuada, ya que conocer todas las variables involucradas y experiencias del pasado ayuda a evitar que se cometan los mismos errores. Además, se favorece la generación de ideas, contribuye a la creatividad, permite descubrir ventajas competitivas, y mejorar procesos entre otras ventajas.

- Involucra a sus dirigidos en la toma de decisiones, permitiéndose la posibilidad de obtener el conocimiento y perspectiva que aportan los demás, comparte con sus reportes información del contexto, para que entiendan acabadamente el problema, los retos y los compromisos que implican implementar la decisión que se va a tomar.

HABILIDADES DEL CORAZÓN

- Gestiona las diferencias de opiniones, combinando las diferentes perspectivas para producir nuevas ideas y alternativas de solución. Aplica una comunicación efectiva que propicia apertura, permite establecer vínculos de confianza, y motiva a las personas a dar lo mejor de sí. También hace uso de la inteligencia emocional para gestionar la diversidad y las emociones, reconvirtiendo la sensación que aflora después de cometer errores, en aprendizajes y abandonando la frustración y el sentimiento de culpa, lo que permite mantener el enfoque positivo para descubrir oportunidades en situaciones adversas.

- Establece metas compartidas, ayudando a integrar y motivar al equipo, ya que los esfuerzos de cada uno por hacerlas realidad corresponden a decisiones en las cuales ellos participaron e impacta directamente en los resultados de todos y cada uno de los miembros del equipo. Del mismo modo, crea una cultura que va elaborando metas por proyecto, por área y por unidad de negocio siempre alineadas a las metas generales de la empresa.

- Conecta ideas globales a través de la experiencia de cada uno de los miembros del equipo, bajo un liderazgo colaborador, ayuda a conectar ideas que permitan explotar unas y compensar otras. Entender qué es lo que están atravesando los demás, es fundamental en el liderazgo colaborativo.

- Desarrolla empatía para consensuar la toma de decisiones. Escuchando de manera activa y poniéndose en los zapatos del otro, que le permiten comprender el valor de las ideas de esa persona.

- Inspira a sus colaboradores con el ejemplo, actuando de la misma manera en la que solicita a sus dirigidos. Eso significa, extender el liderazgo colaborativo a otros niveles en la empresa.

- Influye en lugar de manipular, utilizando su experiencia, conocimientos y trayectoria para influir en los demás. Por ejemplo, al consensuar una decisión. La visión del líder es más amplia y con este argumento ayuda a convencer a su equipo, cuidando respetar una mejor alternativa.

Por eso, un aspecto común de las características del liderazgo colaborativo es que unifica los esfuerzos de las personas hacia un objetivo en común, buscando las coincidencias y puntos afines respecto de sus objetivos individuales, lo que permite derribar cualquier potencial barrera y conseguir la automotivación en cada uno de los miembros del equipo. Así, el hecho de unificar criterios permite lograr que las personas participen para alcanzar el bienestar colectivo, permitir que otros lideren una idea y rotar ese rol, representa un reto en donde el líder debe estar convencido que no pierde poder, sino que por el contrario, gana oportunidades. El saber escuchar, practicar la empatía, actuar con inteligencia emocional, compensar las diferentes personalidades, crear redes de colaboración, requiere de paciencia y tiempo, pero vale la pena ya que la diversidad de criterios posibilita la creación de nuevas ideas y soluciones, y como dice la famosa frase "dos o más cabezas piensan mejor que una".

Y ¿por qué colaboración, o liderazgo colaborativo?

Porque nada es de a uno, en equipo aprendemos, nos enriquecemos, nos desarrollamos, nos complementamos y crecemos a través de una gran red.

Porque en la vida todo es mejor en equipo, la mirada de otro, la mano del compañero, la visión diferente, la opinión y la discrepancia suma, nos hace mejores.

La competencia resta, es una lucha absurda de poder, egos y lugares, que identifico más en el pasado, pero que con la ayuda de las nuevas generaciones debemos erradicar por completo de las organizaciones.

Historia personal: La fuerza movilizadora de la cooperación

Mi vivencia para compartir en este capítulo tiene que ver con un gran proyecto que llevamos adelante en la empresa, realizando el lanzamiento de toda la Plataforma Media 360, allá por el 2007 cuando todo en este campo era absolutamente novedoso.

En primer lugar, compramos una pequeña empresa, con unos 27 empleados, que venían trabajando desarrollos WEB y tenían algunos productos interesantes, del equipo rescatamos los profesionales con más creatividad, innovación, conocimiento y experiencia para la creación de la gerencia de Medios Digitales. Ahora bien, era todo tan nuevo, existía tanto desconocimiento en el mercado, que cuando buscábamos referentes, métricas, casos previos, nos encontrábamos con un terreno virgen y mucha improvisación. El equipo que se había incorporado estaba buceando las nuevas tecnologías, plataformas y desarrollos para aplicar la estrategia que teníamos en la cabeza: llevar la pantalla a otro lugar, proponiendo una nueva interacción con el televidente.

Quizá hoy ya a 13 años vista, todo nos parece muy lejano, pero si hacen memoria, la relación en el mundo televisivo era unidireccional, existía un programador en un canal, ya sea de TV ABIERTA o CERRADA, donde se programaba el contenido por ellos ofrecido en un horario determinado, y el televidente que quería verlo, debía acomodarse al horario establecido en la grilla o perdía la posibilidad de verlo. Podía gustarle o no, y la única manera en que las empresas de medios teníamos para testear la aceptación de la audiencia, era a través de un sistema de medición, con las inconsistencias que el mismo ofrece.

La evolución que trajo el universo de internet y el avance tecnológico a la industria de los medios es realmente maravillosa. Ahora los consumidores

HABILIDADES DEL CORAZÓN

cuentan con un gran accesibilidad a los contenidos, a través de diferentes pantallas, pueden aprovechar la posibilidad que dan las diferentes plataformas de Streaming, OTT *(Over the Top)*, además de varias herramientas que permiten a los consumidores interactuar con el contenido, y ... ¡como si todo esto fuera poco! la relación con las diferentes redes sociales como FB, Twitter e Instagram, que permiten escuchar y conocer la diversidad de gustos y opiniones de los consumidores. Todo esto hace que se facilite el conocer a la audiencia como principal punto a la hora de elaborar cualquier estrategia. Las imágenes y videos interactivos no solo sirven para interactuar con los usuarios, sino que al mismo tiempo permiten disminuir la tasa de rebote y aumentar el tiempo de permanencia. A su vez es posible aprovechar los datos que se recogen, para conocer los gustos que nos ayudan a generar un contenido más cercano al televidente, además de hacer posible la segmentación publicitaria.

Pero ya sé, ¡me fui por las ramas en este negocio que me apasiona! Sin aburrirlas con el tema, lo que intentaba contar, era que nos estábamos metiendo en una nueva manera de hacer televisión, la que brinda muchísimas más posibilidades, trae enormes oportunidades, pero también viene con amenazas que son extremaaaadaaaamente resistidas por los empresarios de medios más tradicionales.

Y en ese contexto, estaba yo, buscando ser disruptiva en relación con la oferta de la competencia, sin mucha información, sin casos testigos que mostraran el camino y con una gran barrera de resistencia tanto interna, como externa. Por lo que luego de algunos intentos fallidos, apostamos a la contratación de una empresa proveedora de todo el servicio de media, la apuesta no funcionó ya que el proveedor fue muy hábil en vender un servicio y desarrollo que no contaba ni con el conocimiento ni la capacidad de brindar, lo que nos generó extremados inconvenientes, desde el no cumplimiento de metas hasta el desgaste de los profesionales que internamente conformaban el área.

Y ahí me encontraba a los 12 meses de haber tomado la decisión equivocada, con el desafío delante de mí, sacándome la lengua, un costo hundido en un proveedor que resultó ser un fracaso, un contrato de 2 años como mínimo para poder salir y ellos manejando todas nuestras bases de datos, lo que ocasionaba una enorme contingencia y un riesgo adicional a gestionar.

Fue en esa situación en la que se produjo un momento en el que tomé aire y decidí mostrarme vulnerable con mi equipo, les pedí una reunión sin hora de finalización, les compartí todos los datos, pensamientos, información, ideas que venía barajando sola, y tiré sobre la mesa el desafío: ¿y si lo hacemos nosotros *in house*? ¿Qué pasa si nos preparamos?, ¿Si armamos la estrategia y la plataforma?, ¿Pensamos concursos, herramientas de posicionamiento, campañas de marketing que acompañen?, ¿Copiamos la base de datos y trabajamos en silencio estos meses para desenganchar al proveedor cuando estemos listos?, todo indicaba que sería muy cercano a la finalización del contrato y volveríamos a tomar el control de lo que ya veníamos aprendiendo. Pero luego de un año de experimentar y capacitarnos a base de cometer errores, nos dejaba en un lugar de mayor preparación y solidez.

Las miradas de todos se encendieron, no dejaban de aparecer ideas, se solapaban del entusiasmo al compartir las mismas entre todos, ¡la energía al equipo había regresado! y no solo eso, ¡se había multiplicado exponencialmente! Ahora era momento de ponerse a trabajar y ¡así lo hicimos! Desde el gerente del área hasta el último maquetador, los programadores, community manager y yo, dedicábamos horas adicionales a nuestros objetivos generales para ¡ponernos a trabajar en este plan!, por supuesto trabajé con el equipo codo a codo, sin importar los rangos y posiciones, de manera colaborativa con una meta clara que nos motivaba a reunirnos, sobre todo hacia el final, muchas veces los fines de semana, ¡comíamos pizzas y helado y aparecían más y más ideas!

El lanzamiento fue ¡todo un éxito! El sector es quien hoy lidera la estrategia de la gran mayoría de los nuevos negocios, tracciona el empuje hacia la convergencia de tecnologías, pantallas, plataformas y formatos que permiten infinidad de potenciales maneras de distribuir y transmitir el contenido a nuestros públicos.

MARISA **PIÑEIRO**

Kathryn Bigelow

La mujer que elijo traer en este capítulo es Kathryn Bigelow, quien fue la primer mujer que ganó un Oscar como galardón a la mejor directora por su trabajo en la película *The Hurt Locker* (titulada *Zona de miedo* o *Vivir al límite* en Hispanoamérica y *En tierra hostil* en España) compitiendo con grandes directores de cine como Quentin Tarantino (*Malditos bastardos*), Lee Daniels (*Precious*) y Jason Reitman (*Up in the Air*). A pesar de que, en la historia de los Oscar, se ha nominado cinco veces a una mujer en dicha categoría, ninguna antes había conseguido hacerse del premio. Kathryn en diversas entrevistas ha mencionado que su trabajo no hubiera sido posible y no hubiera alcanzado el brillo que la llevó a lograr la estatuilla, sin la colaboración de todos y cada uno de los integrantes del equipo técnico, actores, asistentes y creativos, entre otros.

HABILIDADES DEL CORAZÓN

Preguntas para tu propia reflexión

1. *¿Sentís que sola podés con todo?*

2. *¿Sos del estilo de compartir una buena idea, cuando aparece en tu mente?*

3. *¿Sabés pedir ayuda? ¿solés hacerlo con frecuencia? Sino sabes hacerlo, ¿has intentado superarlo?*

4. *¿Qué te satisface más, alcanzar una meta individualmente o en equipo?*

5. *¿Practicás tu escucha?*

6. *¿Creés que aprendés de tus colegas tanto los que se asemejan a vos como los diferentes, quienes tienen un pensamiento y formación distinta?*

7. *¿Considerás que el intercambio apreciativo de nuestras habilidades y competencias ayudan a tu desarrollo profesional?*

8. *¿Pensás que en equipo el camino es más liviano y los inconvenientes se superan con mayor facilidad?*

9. *Si tuviste oportunidad, ¿cómo se siente compartir con un equipo desafíos y que se destrabe el camino de las oportunidades?*

MARISA **PIÑEIRO**

HABILIDADES DEL CORAJE

"Cuando hay Coraje se vive. Cuando no hay Coraje se sobrevive."

Ingrid Rivera

En muchas ocasiones escuché que tener coraje se interpreta como sinónimo de valentía, sin embargo, no es el significado correcto. Coraje no es lo opuesto al miedo, sino que es el miedo el que impulsa a una persona a generar coraje y esta situación la pone en acción y la convierte en el protagonista de su vida. Mientras que aquella persona que no logra activar el coraje, se dice que sobrevive, porque se ve inundada por miedos y creencias limitantes.

MARISA **PIÑEIRO**

5. CORAJE

Definitivamente para ser una buena líder y avanzar en nuestros objetivos, es fundamental tener o desarrollar esa cuota de coraje que permite dar pasos, pequeños o grandes, pero que nos impulsan a hacer, y ese hacer nos da la energía para trabajar en nuestro propio crecimiento, así como también en el de las compañías, las áreas o los equipos que dirigimos.

¡Coraje es enfrentar un gran desafío, donde todo señala que tenemos absolutamente todas las variables en contra, donde la apuesta es 9 a 1 que perdemos la batalla, donde esa batalla se ve muy difícil, donde estamos muy solos, y en la que sudamos frío a solas cuando pensamos lo que se viene… pero que aun así, salimos a la cancha y salimos con la convicción de que lo vamos a lograr!

Historia personal: El crecimiento que te deja el coraje

Acá la experiencia que tengo para contarles es tragicómica, como muchas de las que recorro en este libro, nada más y nada menos que la vida misma.

Era hacia fines del año 2009, la corporación había vendido la mayoría del paquete accionario de la empresa en la que yo me desempeñaba como SVP de

HR y el objetivo de los nuevos accionistas era eficientizar la operación, fusionando la nómina de la empresa con recursos que se traían de otras compañías, parte del nuevo grupo accionario que estaban trabajando en otros países.

Por supuesto, en estos casos los gremios entran en estado de alerta en cualquier parte del mundo, pero especialmente en Argentina y en un momento donde el contexto no ayudaba ya que transitábamos una crisis económica importante.

Recuerdo que estábamos en una reunión con los accionistas, en el último piso de la empresa, situada en el barrio de Palermo Hollywood, revisando los planes que proponían llevar adelante los flamantes accionistas que acababan de tomar el control. De pronto se empiezan a escuchar disturbios en la calle, sirenas, gritos y ruidos de bombos, lo que alarma a los extranjeros, ajenos al folklore de las manifestaciones gremiales en nuestro país, quienes estaban dirigiendo la presentación. Por lo que salgo a ver a mi secretaria, preguntando si sabe de qué se trata y me invita a asomarme a la terraza. Mientras nos dirigíamos juntas al balcón que tenía mi despacho al frente de la calle Honduras, me informa que los representantes sindicales y muchos empleados de nuestra empresa, junto a otros que se solidarizan con estas causas, habían cortado la calle de acceso a la empresa de manera peatonal y por la cochera, organizaron una quema de gomas y habían reunido a más de 1000 personas con banderas, reclamando sobre una

HABILIDADES DEL CORAJE

supuesta causa justa.

Al mirar hacia abajo, compruebo lo intimidante de la situación dado el fervor y alteración de esa gente. Observo que ya comenzaban a improvisar parrillas para preparar los famosos "chorizos", infaltables en este tipo de movilizaciones, señal de sus intenciones de no abandonar el lugar por un largo periodo de tiempo. Nuestra reunión, que llevaba ya 4 horas estaba pronta a finalizar y de solo pensar que los accionistas debían regresar al hotel atravesando esa multitud, me parecía un escenario inimaginable.

Entro nuevamente a la sala, observo sus miradas hacia mí cargadas de temor y ansiedad, expectantes de mi relato de la situación que se estaba viviendo en la puerta de las oficinas. Y ahí me encontraba yo, como siempre, siendo la única mujer en la mesa, con la responsabilidad de lograr el objetivo de reducir la nómina, liderar el cambio cultural con los nuevos recursos que se sumaban a la compañía, interiorizándome en esa reunión de lo ambicioso de algunas metas, en cuanto a los tiempos, costos, impacto de marca y afectación de operación y adicionalmente ahora con el doble desafío teniendo que garantizar el traslado de los ejecutivos desde la compañía a su hotel preservando su integridad física.

Les explico que el alboroto era producto de una movilización sindical y describo el contexto que teníamos en la puerta del edificio, pero minimizado en algo el tema para evitar que los señores salgan corriendo.

Ellos dejaban en su expresión de manifiesto, el gran interrogante que les generaba mi gestión. Les leía en sus miradas cómplices entre ellos, en sus gestos y lenguaje corporal su gran duda, que yo, una mujer rubia de 1,55 cm de altura y 47 kg., pudiera lograr alcanzar el objetivo exitosamente, al menos en los términos en que lo habían planteado.

El CEO, presente en la misma reunión, con quien fui co-equiper durante más de una década y que conocía muchos de mis *skills* y experiencia, si bien confiaba en mi eficiencia, dudaba en cuanto a lo ambicioso de los objetivos que habían establecido en el tablero que nos acababan de presentar.

Por ello, comenzó a objetar, especialmente el *deadline* e impactos esperados, con fundamento lógico, citando contexto, prácticas del mercado, experiencias anteriores y de otras empresas ... y... mientras Alejandro hablaba, yo percibía en la mirada de los ejecutivos la construcción del prejuicio, que decía: "esta dupla no es capaz de llevar adelante tremendo desafío".

Lógicamente, los ejecutivos americanos cuentan con mucha experiencia en varios aspectos, pero si hay un campo que subestiman por no contar con un recorrido como el nuestro, es con relación a los procesos de reingeniería y cierre de compañías y el de manejo de gremios en Argentina. Entonces, interrumpí al primer ejecutivo que respondía a las objeciones de Alejandro, y con total firmeza confirmé de manera enfática que lideraría el proyecto y que a pesar del enorme desafío que significaba, tal como estaba queriendo explicar el CEO, iba a lograrlo, todos los hombres de la sala me miraron absortos y yo en ese momento, solo me limité a transmitir coraje y seguridad.

Ahora tenía que pensar cómo los sacaba de ese lugar sin rasguños y como se presentaba la situación, iban a pasar un par de horas para que se calmen las aguas. Como estaba terminando la tarde y aprovechando la costumbre americana de cenar temprano, improvisé con la ayuda de mi eficiente secretaria una cena en el lugar, que nos permitió avanzar en la definición de muchos *next steps*, trabajar el vínculo y entendimientos con los nuevos accionistas, y además, tal como lo planeé, ganar tiempo hasta que se disperse la multitud que se había reunido en el lugar y garantizar así el retiro seguro de todos.

De más está decir, que manejando rumbo a casa la transpiración fría apareció, pero en esos momentos, buscaba pensar en las ideas que me permitirían destrabar los inconvenientes que se presentaban en el logro del objetivo que este nuevo desafío me ponía delante de mi camino y que yo buscaba alcanzar.

Así es como, en esta oportunidad y en cada una de las otras en la que impulsé a mi coraje a atravesar una nueva zona de desafío, sentí un desarrollo, un crecimiento, un cambio que da espacio a la creación de un nuevo yo, uno más grande, más sólido y experimentado.

El coraje en nuestra vida aparece en distintas ocasiones, muchas veces de manera reactiva, otras de manera proactiva, cuando yo busco superar un desafió a pesar de no presentarse una situación límite, como el caso que acabo de relatarles, atravesarlo y vencerlo generan de mí una mujer más sólida y experta.

Yo podría haber negociado más tiempo, más presupuesto, pero no hubiera tenido la oportunidad de demostrarles, pero por sobre todo, demostrarme a mí lo que soy capaz de hacer.

El coraje nos enciende y también nos permite demostrarnos a nosotras mismas que podemos.

A esta altura, seguro se estarán preguntando el resultado a partir de este acto de coraje que les acabo de relatar ¿verdad? Bien, les cuento que el objetivo fue cumplido y en con el tiempo me gané el respeto y la confianza de los nuevos accionistas.

Historia personal: Guardaespaldas del nuevo CEO

Y hablando de coraje no puedo dejar de contarles esta historia cortita, pero… ¡sin desperdicio!

En la última venta de la compañía, se había asignado a liderar el negocio hispanoparlante de América y España, un nuevo CEO español, quien, a

HABILIDADES DEL CORAJE

diferencia de los ejecutivos americanos, declaraba tener experiencia en el manejo de sindicatos y grandes escenarios de huelga en las empresas que en el pasado había liderado en España.

Solo habíamos asistido él y yo al despacho de uno de los *buffet* de abogados que estábamos evaluando contratar para acompañar a nuestro proyecto de reestructuración.

La razón por la cual nos trasladábamos nosotros, era para evitar la filtración de rumores, considerando lo delicado de la situación y lo sencillo que hubiera sido para los empleados, hacer conjeturas si veían desfilar por nuestra sala de reuniones a los 3 estudios más reconocidos en el campo de *outsourcing*. Así fue como a media mañana, salimos con mi auto con destino al microcentro, y encontramos la zona cercada precisamente en el lugar hacia donde nos dirigíamos, razón por la cual, decidí dejar el auto en un estacionamiento a diez cuadras aproximadamente y acercarnos caminando el resto del trayecto.

Llegamos sin dificultad al estudio y mantuvimos una larga reunión que se extendió por más de dos horas. Este lugar estaba ubicado en Av. Belgrano y Av. 9 de Julio en pleno microcentro, y nosotros debíamos volver al estacionamiento en Moreno casi Av. Callao, el único inconveniente era que para el momento en que salimos de la reunión, el fervor de la manifestación era descomunal, se podrán dar una idea, decenas de micros estacionados en las avenidas, agrupaciones de trabajadores de los partidos políticos de izquierda, liderados por encapuchados, banderas, bengalas, bombos, ollas populares, cánticos, bebidas alcohólicas y también marihuana.

Eduardo me sugiere quedarnos a almorzar en la zona porque era imposible cruzar la avenida. Ya eran cerca de las 2 de la tarde, por lo cual nos dirigimos hacia el lugar contrario a la manifestación, y encontramos un hotel donde comimos unas ensaladas mientras repasábamos los principales puntos de la reunión que habíamos mantenido con los abogados, y planificábamos las preguntas que le haríamos al próximo equipo de profesionales con quienes nos reuníamos al día siguiente.

Siendo las 3 p.m., le sugiero ir en busca del auto para dirigirnos de regreso a la empresa, donde debíamos continuar atendiendo nuestra agenda. En ese momento me pregunta si considero que los disturbios habrían cesado, a lo que respondo que casi con seguridad no, porque en general las desconcentraciones se producen entre las 5 p.m. y 6 p.m.

Salimos y el panorama estaba igual de complicado que una hora y media antes, me sugiere tomar un taxi a la oficina y dejar mi auto en el estacionamiento, pero esperamos por 20 minutos y ningún taxi disponible se movilizaba por la zona. Así que respiré hondo y le dije ¡Vamos al estacionamiento! usted me sigue con paso rápido y firme y ¡en 15 minutos estamos en el auto de regreso a Palermo! intenta convencerme de lo contrario, pero realmente no veía alternativas y también él debía atender una agenda complicada en sus dos días que le quedaban en Buenos Aires, por lo que sin estar convencido, accedió a mi sugerencia.

Por supuesto, transpiraba mientras rezaba y deseaba que todo saliera bien, imagínense la situación... un ejecutivo en traje de diseño europeo y yo con mi tailleur y stilettos al tono, cruzando en medio de la manifestación de gente furiosa por un reclamo de desigualdades sociales. Pero llegamos sanos y salvos al auto, y de allí directo para llegar a la empresa a terminar otro largo día.

No mencionó nada durante el viaje a la empresa, pero al llegar me dijo: Sinceramente, valoro tu coraje para manejarte en estos contextos, a pesar de vivir huelgas en España, jamás estuve en situaciones similares, ahora me siento absolutamente confortable que seas vos quien lidere la reestructuración.

Malala Yousafzai

Como referente de una mujer con coraje que dejó huella en este mundo, elegí a Malala Yousafzai, quien con tan solo 17 años y luego de recibir un disparo en la cabeza cuando regresaba en autobús de la escuela a su casa, continuó la lucha por las mujeres a nivel mundial. Malala fue víctima del régimen talibán que en Pakistán prohíbe la asistencia de las niñas a la escuela. Ella se diferenció de la actitud general de las mujeres que decidían recluirse en sus casas.

Por ese motivo fue premiada con el Premio Nobel de la Paz.

HABILIDADES DEL CORAJE

Preguntas para tu propia reflexión

1. *¿Cuál es el nivel de coraje en cada una de nosotras? ¿Cuál es tu nivel de coraje?*

2. *¿Se nace con coraje?*

3. *¿Se puede entrenar el coraje?*

4. *¿Las mujeres tenemos menos coraje que los hombres? ¿O es a la inversa?*

5. *¿Creés que tenés coraje? ¿Por qué?*

6. *¿Podrías recordar una situación donde sentiste coraje?*

7. *¿Creés que te falta coraje? ¿Por qué?*

8. *¿Podrías recordar una situación donde te faltó coraje?*

9. *¿Qué cosas podrías modificar en lo sucesivo para poner a prueba tu coraje?*

6. COMPROMISO

> "El compromiso es lo que convierte una promesa en realidad". **Abraham Lincoln**

Esta habilidad es muy importante y valorada por las compañías y los líderes, quienes la tenemos innata o desarrollada casi naturalmente, no logramos dimensionar la importancia y potencia que la misma tiene.

¿Qué es el compromiso? un compromiso es algo que tiene que cumplirse, un acuerdo tácito o explícito entre dos partes con el objetivo de alcanzar un fin.

El compromiso se define como el vínculo de lealtad, por el cual un individuo decide permanecer en respeto por las personas o cosas, ya sea su palabra, sus pensamientos, compromiso con sus progenitores, sus hijos, la sociedad y hasta su superior o la empresa donde se desempeña.

Mientras que el compromiso afectivo es el que se refiere a la asociación emocional, cuando el compromiso de un empleado es con la firma para la que trabaja, estamos hablando de compromiso laboral.

¿A qué nos referimos exactamente con

HABILIDADES DEL CORAJE

compromiso laboral? Ocurre cuando el compromiso de los trabajadores se refleja en su implicación intelectual y emocional con la empresa y brindan su contribución personal para conseguir el éxito del negocio.

Considerando que el compromiso determina en muchos aspectos la productividad de los empleados, y en consecuencia impacta el rendimiento de las empresas, es el motivo por el cual es una habilidad tan buscada por los líderes y las compañías. Es el famoso *engagement* que las empresas incorporan en sus tableros de indicadores como objetivos, a veces de manera errónea adjudicándolo solo a las áreas de recursos humanos.

En lo personal, el compromiso que asumo en diversos aspectos está dado por esa entrega que me hace dejar el 200% de mí sin importar lo cansada que pueda estar, sin importar que otro tema o actividad esté postergando en pos de cumplir con aquello por lo que empeñé mi palabra, lograr aquello por lo que me comprometí.

Cuando buscamos lograr *engagement* en nuestros empleados, debemos hacer que sientan felicidad en su puesto de trabajo, que se sientan alineados y conectados con la empresa, su misión y sus líderes, de manera de incrementar su sensación de bienestar. Y como consecuencia de este sentimiento, se generan un sin número de mejoras como el incremento de su productividad, la disminución de los índices de ausentismo e incluso la reducción de conflictividad.

Lograr que los empleados se comprometan con la empresa requiere de comprometerse con ellos, permitiéndoles crecer, involucrándolos en los proyectos de la organización, escuchándolos y buscando su bienestar de todas las maneras posibles.

Entre las prácticas que permiten desarrollar y gestionar el compromiso en el empleado, puedo destacar como claves:

- Ganarse la confianza de los empleados y a confiar en ellos.
- Nunca prometer cosas que no estamos seguros de poder cumplir.
- Hablar claramente y fomentar la transparencia.
- Dar la bienvenida al equipo y acompañar un *softlanding* con una buena inducción.
- Comunicar siempre evitando la proliferación de los rumores.
- Mejorar la calidad de vida de los individuos toda vez que se pueda.
- Reconocer el esfuerzo y el trabajo bien hecho.

En mi caso el compromiso que asumo en primera persona tiene que ver con transpirar la camiseta y el ejemplo, los valores, reglas y prácticas con las que me manejo, son las que luego les pido a los reportes que he sabido liderar, los equipos que he tenido la oportunidad de armar y en muchos casos el honor de dirigir.

HABILIDADES DEL CORAJE

Historia personal: La mudanza

En este capítulo, tengo una historia que contarles y tiene que ver con eso, con un gran desafío sobre el que todos dudaban de concretar y que me puse al hombro, luego de hacer algunas reuniones con los involucrados en el proyecto y convocar a mi equipo, indicando el norte del objetivo buscado, y el nivel de expectativas esperado.

El desafío se trataba de la mudanza de edificio en tiempo récord, sin afectar la continuidad de negocio, generando ahorro de costos, mejora de eficiencia en la operación, reducción de riesgos y contingencias, y alcance de un excelente clima laboral en el nuevo espacio de trabajo.

Era el mes de enero cuando recibimos la noticia de que el propietario del edificio donde teníamos funcionando el 75% de la empresa había vendido el inmueble. ¡Ah y por cierto, a una empresa de televisión competidora de la nuestra! :=(.

Inmediatamente comencé a armar la estrategia y ponerme en movimiento averiguando alternativas para plasmarlas en el tablero de decisiones, estimando presupuestos y analizando pros y contras de cada una de ellas. Las mismas contemplaban desde inmuebles completos para rentar, edificios a terminar, o construir de base, con y sin estudio de grabación, en fin, una cantidad interesante de alternativas.

Para ese entonces, el otro 25% de la operación de Buenos Aires, que comprendía la técnica y un área de programación e *in house* (departamento creativo), estaba montada en un piso de 1000 m2, en un edificio de 3 plantas que compartíamos con otras 2 empresas, a 100 metros del edificio que debíamos dejar en tan solo 8 meses.

Así es como luego de contactar a más de 7 inmobiliarias de la zona que trabajan ese target de edificios, visitar cerca de 18 inmuebles, y recorrer en auto toda la zona del polo audiovisual por completo, para contar con el beneficio impositivo que ofrecía desarrollar la actividad en ese sector de la ciudad, miramos edificios con estudio de grabación, sin estudio, con hasta 3000 m2 (que era la cantidad que dejábamos), de 4000 m2 y de 5000 m2 y más para centralizar la operación en un solo lugar, considerando la expansión del negocio a 2 años. En fin, trabajo de rastrillaje que le llaman.

Ahora bien, no podía dejar de tener en cuenta que la separación que al momento teníamos entre edificios era de 100 m de distancia, y a pesar del riesgo que generaba tener a los empleados caminando entre uno y otro edificio, esa era toda la complicación y el mayor riesgo que se podía presentar; mientras que al mudarse a 15 / 30 minutos del lugar actual, el funcionamiento se convertía en menos eficiente y más riesgoso.

La cochera de los directivos se encontraba en el edificio compartido y una noche cuando me dirijo a retirar mi auto para ir a casa, me cruzo con Mariano Chiade, titular de la productora Mandarina, quien tenía rentado el tercer piso de ese edificio, y al saludarnos le comento que estaba buscando rentar metros entre otras alternativas por si sabía de algo, para que me avise.

Yo, en paralelo al gerenciamiento de la empresa, en ese momento desde mi posición de COO (Chief Operations Officer), todo el tiempo pensaba y revisaba alternativas que encontraran una solución, que debía cumplir varios requisitos, ser económicamente viable, operativamente eficiente, de rápida implementación y asegurando en todo momento la continuidad del negocio.

A la semana siguiente, recibo un llamado de Chiade, quien me sugería reunirnos para revisar una opción que había conversado con su socio. La propuesta era la de adelantar su salida del edificio, que tenía para un año más de contrato, cobrando un importe que ellos requerían para entrar en otro edificio que les resultaba más conveniente para su logística, y nosotros podíamos acondicionarlo en ese tiempo, junto a la PB del mismo edificio, que se encontraba desocupada y donde ya teníamos el primer piso, con un plazo restante en el contrato de alquiler de unos 14 meses desde la fecha.

La propuesta parecía muy razonable, junto al CEO y CFO analizamos números, alternativas y solicitamos una reunión con los dueños de la propiedad, con quienes manteníamos una excelente relación, además de una conducta impecable como clientes respecto al cuidado del edificio y el cumplimiento en el pago.

Se mostraron interesados en la propuesta de concretar con nosotros el alquiler del edifico (durante casi 2 años más permanecería otra empresa en el 2do piso). Pero esas 3 plantas aportaban la cantidad de metros suficiente para el contexto de desarrollo del negocio a 3 años y a futuro podíamos pensar en crecer en este otro lugar del mismo edificio, que se trataba originalmente de una bodega con reformas en su construcción a la que había que acondicionar para el funcionamiento de empresas con actividades de servicio.

Además, algo que me encantaba, era que tenía una salida escondida a cocheras, lo que nos permitía salir sin riesgos en épocas de conflictos sindicales ¡Jaja!

Trabajamos en el diseño del proyecto, calculamos el impacto económico y lo presentamos junto al top 5 de otras opciones a los accionistas en video conferencia. Aprobaron la alternativa ranqueada en primer lugar por nosotros y a partir de ahí a operar en tiempo récord para alcanzar el *deadline*.

El GANTT estaba extremadamente ajustado, por lo que el seguimiento era casi diario.

Contratamos a la empresa Contract para el diseño y trabajo de entrega llave en mano, pero eran tan complicados los tiempos, que a pesar de decidir trabajar los fines de semana durante 6 meses, teníamos que hacernos cargo como empresa de varias cuestiones logísticas.

HABILIDADES DEL CORAJE

Además de la gestión diaria del negocio, me aboqué a liderar este proyecto y a movilizar el compromiso de una gran cantidad de personas, por un lado un grupo de profesionales de la empresa Contract, como Alejandro Mariani, Marina Mirabelli y Ximena Torres, también conté con todo mi equipo de líderes que se comprometían día a día a la par mía, el encargado de mantenimiento, a quien liderarlo era realmente un desafío en sí mismo, y los directivos y empleados de la empresa de mudanza Atlas. Y hasta mi hija, quien en ese entonces contaba con tan solo 8 añitos, asumió en la mudanza un rol de líder; ayudando a los responsables de mudanza que descargaban el mobiliario, la tecnología y otros elementos, a ubicarlos en los lugares asignados para cada posición, dado que se había realizado un trabajo previo de coordinación, identificando con una codificación especifica los diferentes escritorios. Todos se maravillaban al verla con algo más de un metro de altura, portando los planos codificados en la mano y señalando la ubicación a recorrer. Me decían: ¡Con esa actitud no podés negar que es tu hija!

Mi compromiso era tal que recuerdo aquellos días que me exigían llevar adelante la conducción, días muy intensos a la vez que extensos, días que comenzaban antes del amanecer y concluían tarde en la noche, pero que aun así no eran suficientes, lo que me llevaba a invertir incluso los fines de semana donde tuve que destinarlos para la compra de algún mobiliario y supervisión de los avances en obras entre otras tareas y responsabilidades.

Una psicóloga me dijo una vez que luego de la muerte de un ser querido las mudanzas son el segundo factor de estrés que transitamos las personas, y como líder, sabía que esto seguramente les sucedería a todos quienes estaban bajo mi conducción. Por ello nos preocupamos junto a mis reportes más directos en la producción de un pack de bienvenida para los empleados; quienes un jueves dejaban sus oficinas en un edificio, con todo embalado y rotulado (siguiendo las instrucciones específicas de la empresa de mudanza que se ocupaba de estas grandes movidas) para recibirlos el día lunes con sus nuevos puesto de trabajo personalizados, en el nuevo edificio, ahora con todas las áreas concentradas en un mismo lugar y ubicadas por piso estratégicamente.

Compramos portalápices que hicimos grabar con el logo de la empresa, un chocolate para cada uno de ellos, coordinamos un desayuno de bienvenida en el nuevo lugar que previamente decoramos con globos. Ese fin de semana estuve con mi equipo, a su vez los gerentes de cada área se presentaron para ver cómo se acondicionaban sus espacios y colaborar en algún ajuste. El área de mantenimiento asistía en todos los imprevistos que siempre surgen. El área de sistemas estuvo presente ocupándose de todas las conexiones, con el área de diseño trabajamos la campaña de comunicación y señalética, y así cada uno fue aportando su granito de arena, como si se tratara de su propia casa, todos poniendo lo mejor de sí mismos.

HABILIDADES DEL CORAJE

¡A eso es lo que yo llamo compromiso con la empresa, con un proyecto y sobre todo con las personas!

¡De más está decir que fue todo un éxito!

Valentina Tereshkova

¿Qué mujer elegir si pienso en compromiso? ... muchas mujeres dejaron huella mostrando un compromiso sin igual con sus ideales, pero quiero elegir a Valentina Tereshkova, la soviética quien fue la primera mujer de la historia en viajar al espacio y hacerlo sola, en 1963, asumiendo el compromiso de demostrar al mundo la valentía de las mujeres al formar parte de un estudio que buscaba dar respuesta a la pregunta de si las mujeres ofrecían en el espacio la misma resistencia física y mental que los hombres. La conclusión después de los tres días que duró el periplo extraterrestre fue afirmativa.

Preguntas para tu propia reflexión

1. ¿Qué significa para vos el compromiso?
2. ¿Te manejás con compromiso en tu vida?
3. ¿Qué valor le das al compromiso?
4. ¿Qué te impide ser comprometida?
5. ¿Exigís igual nivel de compromiso al otro que el que vos demostrás?
6. ¿Con qué temas o cosas te sentís comprometida?
7. ¿Con qué considerás que tendrías que estar comprometida y no lo estás? ¿A qué se debe?
8. ¿Te ha permitido el compromiso alcanzar algún objetivo que perseguías?

7. CONSTANCIA

"Estoy convencido de que la mitad de lo que separa a los emprendedores exitosos de los no exitosos es pura perseverancia"
Steve Jobs

"Los ganadores nunca abandonan y los que abandonan nunca ganan"
Vince Lombardi

Constancia, ¡qué gran habilidad!

Para lograr las cosas que anhelamos, es clave que seamos constantes. Es una práctica que desarrollamos a lo largo de la vida, se nos ha enseñado y lo enseñamos a nuestros hijos, sin embargo, y a pesar de que es sencillo accionar, sigue siendo algo que nos cuesta poner en marcha en muchas oportunidades o sostener en el tiempo.

Todos vivimos situaciones donde sencillamente no hemos sido constantes, empezamos algo y al poco tiempo lo abandonamos. Nos cuesta, nos resulta difícil, nos frustramos por resultados que no llegan tan rápido como quisiéramos y simplemente renunciamos.

Esto que nos sucede en el ámbito privado, también sucede con los líderes, ya que no son diferentes a nosotros, me refiero en el sentido que les resulte fácil ser constantes en los objetivos o proyectos que se proponen, sin embargo, resuelven serlo.

Es importante poder identificar una cualidad común a la mayoría de los grandes líderes, que consiste en desarrollar una filosofía: nunca renunciar a los objetivos establecidos y consensuados, a pesar de que esto signifique hacer grandes sacrificios de todo tipo, mentales, emocionales y físicos. Ya que son conscientes de que el precio a pagar por la constancia es siempre menor que los beneficios que se consiguen al seguir persistiendo.

Por esa misma razón, cada día, dan el paso previamente asignado para avanzar con cualquier compromiso personal que se hayan planteado.

Entonces, si decidieron hacer ejercicios todas las mañanas, se lo anotan en su agenda, se colocan una alarma que se los recuerde, y cuando llega el momento, sin importar si tuvieron una cena de negocios o un festejo familiar, se levantan y realizan el ejercicio pautado. Ya sea de 15', 30' o 60 minutos, lo hacen y cumplen con su compromiso personal más que con cualquier otra cosa.

Si es leer, leen el tiempo que acordaron hacerlo y cumplen igualmente con su compromiso. Si es aprender un idioma, sucede exactamente lo mismo, y

HABILIDADES DEL CORAJE

así sucesivamente con cada una de las metas que se proponen.

Por ello, un compromiso personal, tiene que ver ni más ni menos que con ellos mismos, y como es fundamental cumplirlos, pues simplemente se esfuerzan el doble, el triple o el cuádruple y más si fuera necesario.

De hecho, si no lográs ser constante con la lectura, aunque más no sea 15 minutos diarios, desarrollando el hábito de la misma, tu mentalidad no adquirirá la fuerza necesaria para llevar de punta a punta otras tareas mayores que requieran de tu constancia.

La constancia es esencial para los líderes, ya que el impacto es directo a la rentabilidad.

La mayoría de las personas flaqueamos a la hora de ser constantes con algo, pero mi deseo es que sigas perseverando en eso que más deseas, que sigas creyendo que sí si se puede, y que ese deseo te impulse a no detenerte jamás, aun cuando pienses que no tenés aire, que te dormís sobre el escritorio o que no contás con la capacidad al 100% en una reunión de directorio.

Cuando somos constantes, se crea otra característica invaluable, la famosa *velocidad de crucero* que suelen identificar como la locomotora que avanza sin detenerse; por ello siempre recordá esto: ¡esforzate y no abandones, porque cuando llegás allí, es casi imposible que no termines lo que empezaste!

Navy SEALs,

Hay un dato curioso que utilizan los *Navy SEALs*, o comandos de la marina de los Estados Unidos, considerados por muchos como la mejor fuerza de operaciones especiales del mundo, es lo que ellos llaman la "Regla del 40%", y quiere decir que en el momento en que uno piensa que ha dado el límite de su capacidad, realmente está utilizando el 40%. Por lo cual nos queda todavía otro 60% que podemos utilizar.

Es así que, cuando están haciendo sus entrenamientos y llegan a un punto donde mental, emocional y físicamente creen que no pueden más, recuerdan que sólo están al 40 % de su capacidad y siguen adelante. Este concepto, basado en estudios científicos, es el que les sirve para mantenerse vivos en operaciones de estrés extremo donde son capturados por el enemigo o están a punto de morir.

Lo interesante es que esta regla no sólo es válida para los *Navy SEALs*, sino para todos y cada uno de nosotros.

Factor crítico de los grandes líderes

Ser constante es el factor crítico de éxito más importante que he conocido y es una característica en todos los grandes líderes por lo que debemos desarrollarla al máximo. Sólo así podremos alcanzar todo aquello que hemos imaginado y por lo cual estamos luchando cada día.

HABILIDADES DEL CORAJE

Entonces, mi recomendación es que seas la líder que debes ser y haz que la constancia sea esencial en vos.

De hecho, mucho me he ocupado de investigar sobre habilidades importantes para ser una líder de excelencia, y al respecto fue grande mi sorpresa al leer y escuchar de diferentes expertos, que a pesar de que muchos ponen el diferencial en la inteligencia, en realidad la habilidad más importante está en la experiencia que da la práctica. Pero sobre todo está en la constancia, y tan es así, que cuando a un profesor con muchos años de recorrido, se le pregunta qué es lo que ve en los jóvenes entre 25 y 35 años para saber si van a ser grandes líderes, sus respuestas siempre son: su constancia...

El poder de la práctica

En una sala experimental dan como consigna la producción de una determinada pieza. A los integrantes de una mitad de la clase le informan que medirán su nota por la mejor pieza realizada y a los integrantes de la otra mitad, le dicen que la medirán por la cantidad de peso de piezas producidas; por lo que el primer grupo investiga, va a museos, proyecta, bosqueja y se pone a producir una semana previa a la entrega. El segundo grupo, desde el momento en que recibió la consigna, estuvo todo el tiempo dedicado a producir piezas de todo tipo: chicas, más chicas, medianas, grandes y muy grandes para alcanzar el objetivo de ser calificados por un buen peso total de las piezas producidas.

Lo sorprendente fue que la mejor pieza de todo el curso estuvo realizada por el equipo que producía en cantidad, porque tanta práctica en armar las piezas les permitió desarrollar la habilidad de producción de piezas, mientras que el grupo que era evaluado por calidad de la misma, se pusieron a producir ¡5 días antes de la entrega!

Historia personal: Desde el reciclaje a la estrategia de Sustentabilidad en Medios

Acá quise traer una anécdota ¡absolutamente gráfica!

Uno de los motivos por los que busco ocupar lugares de decisión, es justamente por la oportunidad que me da el tener la discrecionalidad de tomar decisiones que permiten cambiar el mundo, aunque sea un poquito, desde mi lugar de influencia, pero la satisfacción que me genera esa sensación se traduce a un nivel de felicidad que no tiene comparación.

Así es como desde mi posición como COO, dependiendo de mí todas las áreas de la compañía excepto finanzas, comienzo a diseñar un primer lineamiento de acciones de RSE (Responsabilidad Social Empresaria).

Era el año 2006, no estábamos atravesando un excelente año a nivel de resultados, y además ya conocía de memoria como era el manejo de las asignaciones presupuestarias a nuevos proyectos. Por

HABILIDADES DEL CORAJE

lo que no estaba dispuesta a derrochar energía en una batalla que sabría que perdería, pero... tampoco me conformaría con dejar mi idea sin concretar, aunque esto me llevara más de un periodo, y así comencé.

Mientras formalizaba un acuerdo con la Fundación P. Garraham, a quienes habíamos comenzado a donar papel para reciclar hacía ya dos años, me fui instruyendo por mi cuenta en esta área. Comencé a medir la huella de carbono de la empresa, que consiste en la medición de las actividades del negocio en el medio ambiente. Además, celebramos un acuerdo con IARSE (Instituto Argentino de Responsabilidad Social Empresaria) con quien realizábamos canjes de difusión a cambio de recibir capacitación y *know-how* en la implementación del proyecto. Impulsé el cambio de la iluminación de la empresa por LED, realicé acuerdos con varias organizaciones sin fines de lucro que buscaban difusión de temas que tenían también el interés de nuestra empresa, como el Consejo Publicitario Argentino, Cruz Roja, Luchemos por la Vida, Los Piletones, UNICEF, entre otros. También conformé un equipo de voluntariado con aquellos empleados que buscaban desarrollar actividades que permitían alinear sus intereses personales con relación a la mejora del medio ambiente. Y así, a partir de la suma de acuerdos, la adhesión de más personas, el aporte de más fondos y las excelentes repercusiones en el clima interno, sumado al impacto de la marca puertas afuera de la compañía, cuatro años después logré formalizar el área. En el 2010 convoqué a una profesional que tenía una vasta trayectoria en temas de RSE y la nombré responsable del sector, una gran incorporación que le agregó indudablemente mucho valor. Delegué en ella la gestión integral de la matriz estratégica de sustentabilidad en medios. Y en el año 2012, logramos publicar nuestro primer Reporte Anual de Sustentabilidad, donde dábamos cuenta de todo el camino recorrido, con indicadores, ratios y definición de nuevos objetivos.

El mismo se presentó a periodistas y públicos de interés en el auditorio del Malba. El CEO Regional quien dio la apertura a la presentación, me sorprendió reconociendo el camino de hormiga constante, ¡muy constante! que había realizado y que nos había llevado a ese lugar de honor tanto para él como para la compañía.

Fue un gran orgullo para mí en ese momento recordar aquel compromiso que asumí a más de 6 años atrás y aquellos primeros pasos con la intención de dejar mi huella sin saber qué tan lejos llegaríamos. Sumado a esto y a la perseverancia con la que encaramos desde el inicio todas y cada una de las acciones realizadas, tuve la satisfacción de formar parte del *Sustainability International Committee.*

Marie Curie

En relación con esta habilidad tan importante como la constancia, no bajar los brazos y no rendirse quiero elegir a Marie Curie.

HABILIDADES DEL CORAJE

No hay científica en la historia que haya superado en reconocimiento y fama a Marie Curie, la descubridora del Polonio y el Radio como elementos químicos. Pasó hambre y frío, y arriesgó su salud con tal de no renunciar a su pasión investigadora y trabajo de manera constante e incansablemente día tras día hasta lograrlo.

El plus que Marie Curie dejó fue que, pudiendo hacerse rica con sus descubrimientos, se negó a patentar el proceso de aislamiento del radio, dejándolo a disposición de la comunidad científica.

Con todo, puede decirse que cumplió su sueño: fue la primera mujer que llegó a catedrática en la Universidad de París y la primera en ganar el Nobel, compartido con su marido Pierre Curie, por sus investigaciones sobre los elementos radiactivos.

Es por lo cual que la constancia es una habilidad extremadamente importante para llegar a cumplir los objetivos y no requiere de ningún conocimiento especial, sino que muy por el contrario se requiere de trabajo, dedicación y disciplina ¡mucha disciplina!

Así que te invito a que listes tus objetivos, fijes tácticas y plan de ejecución para alcanzarlos, porque hacerlo es garantía de obtenerlo.

Preguntas para tu propia reflexión

1. *¿Cómo procedés ante objetivos complicados de alcanzar?*

2. *¿Cuánto resistís en las situaciones complicadas?*

3. *¿Cuánto tiempo estás dispuesta a permanecer firme hacia tus metas?*

4. *¿Estás a gusto con tu situación actual? ¿Le querés dar un giro de 180 grados?*

5. *¿Tenés claro qué es exactamente lo que perseguís?*

6. *¿Cuál es tu meta?*

7. *¿Sos inquieta y la ansiedad no te permite dejar de estar pensando siempre en otro objetivo?*

8. *¿Cuánto transpirás la camiseta para conseguir esa meta?*

8. CUERPO

> "Tu cuerpo es templo de la naturaleza y del espíritu divino. Consérvalo sano; respétalo; estúdialo; concédele sus derechos"
> **Henri-Frédéric Amiel**

> "El cuerpo es el instrumento del alma."
> **Aristóteles**

Desde el autoconocimiento y el trabajo de desarrollo personal podremos dar el paso para "crear un mundo al que las personas deseen pertenecer", como decía Gilles Pajou.

Cuando lideramos también ponemos el cuerpo.

Nos exponemos todo el tiempo, con nuestro cuerpo y nuestras emociones.

Un gran desafío, que en general se le resta atención inconscientemente, es cuidar y alimentar el cuerpo y el alma de estímulos positivos.

En este capítulo las invito a reflexionar sobre la manera en que nos lideramos a nosotras mismas, y que lo llamamos autoliderazgo, ya que este es el primer paso que debemos dar cuando nos proponemos trabajar sobre el desarrollo humano.

Comenzando por el autoconocimiento, podemos analizar varias dimensiones, ¿Cómo lideramos nuestras emociones? ¿Qué hacemos cuando tenemos bronca, impotencia, miedo, tristeza? ¿Somos capaces de discernir en nuestras acciones si hemos gestionado adecuadamente o quedamos atrapadas en un impulso emocional?

¿Y si pensamos en nuestra salud? ¿Cómo lideramos nuestras pequeñas dolencias? ¿Les prestamos atención o las vamos dejando "por falta de tiempo", hasta que el cuerpo nos hace un llamado de atención más severo?

¿Cómo gestionamos los afectos con la pareja, la familia, los amigos, compañeros de trabajo, el entorno social, el deportivo, religioso, entre otros? ¿Cómo expresamos la alegría, la tristeza, el enojo?

¿Somos conscientes realmente de nuestras capacidades y habilidades y cómo nos podemos valer de ellas para para mejorar nuestro entorno y hacerlo más agradable?

¿Y sobre nuestras debilidades? ¿Tenemos un plan para convertirlas en oportunidades de mejora de nosotros mismos?

Entiendo que el desafío está dado en la motivación que nos impulsa a promover el aprendizaje permanente orientado a nuestro desarrollo personal de un modo integral, es decir, teniendo en cuenta las diferentes dimensiones humanas: ya sea biológica, psicológica, social y espiritual. Lo que nos lleva a transitar nuestra vida como personas libres, auténticas, con autoconfianza y fortaleza.

Historia personal: Ejecutiva y madre

Por ello, en este capítulo elegí contarles dos experiencias, cada una de ellas expuso mi cuerpo de diferente manera, pero con fuerte impacto en ambos casos.

Voy por la primera, al menos a la distancia ¡muy graciosa! a pesar de que se sintió fuerte, desestabilizante y difícil de manejar en el momento en que ocurrió.

Había sido mamá de Candelaria hacía menos de 3 meses, y comencé a asistir a la compañía dos o tres veces por semana para atender reuniones de decisiones relevantes o como en este caso, llevar adelante una negociación.

Recuerdo que tenía entre 45 minutos a 90 minutos de viaje, en auto, de casa a la empresa, dependiendo de obras en el camino, cortes del trayecto por protestas o embotellamiento a causa de algún accidente o simplemente por quedar atrapada en el tránsito en hora pico.

Intentaba no estar en la empresa más de 4 horas, que adicionando el tiempo del traslado, podía llegar a dejarme ausente de mi casa y lejos de mi niña aproximadamente 6 horas.

MARISA **PIÑEIRO**

Ese día, además de cerrar la cobertura de una posición gerencial en el área de ventas, debía atender una reunión con los corporativos de Citibank para llevar adelante la negociación de un importante paquete de *payroll* junto al CFO de la empresa.

Nunca me voy a olvidar, que la misma debía celebrarse a las 12:30 horas y siendo las 12:40 avisaron que estaban en camino, pero que llegarían con una demora de aproximadamente 30 minutos. Yo me encontraba en periodo de amamantamiento y mientras transcurría la negociación, sentía que los cubre pezones, cada vez estaban más mojados. Tenía una polera negra de mangas ¾ entallada al cuerpo, que notaba se iba humedeciendo con el transcurso de los minutos, y luego sentía que se comenzaba a mojar; entonces disimuladamente trataba de taparme con las hojas que tenía delante mío sobre la mesa de reuniones.

Estábamos en la sala principal, sentados en la mesa de directorio donde nos dispusimos de un lado de la misma Horacio, quien fuera el CFO en ese momento, y yo, mientras que enfrentados estaban los cuatro directores de Citibank, casi demás está decir que, como en la mayoría de los casos, el resto de los asistentes eran hombres. En un momento, en lo más ferviente de la discusión tomo la palabra, en tono firme y elevado y ¡justo en ese momento! me sale disparado del pecho izquierdo un chorro de leche con forma de parábola, que se eleva y cae pasando la mitad de la mesa, hasta llegar casi a las hojas que estaban

HABILIDADES DEL CORAJE

frente al Director Regional de *Salesforce* de Citibank.

¡Las caras! Juro que no se podrían imaginar esas caras ni en dos vidas. El CFO, quien me llevaba unos 15 años, atinó a buscar una caja de pañuelos descartables que me pasaba, con su mano izquierda, sin mirarme a los ojos, para que pueda secarme y con la mano derecha secaba la mesa, mientras llamaba al servicio de limpieza para que higienicen todo y ofrecer café para distender el clima generado a causa del accidente provocado por mi condición de amamantamiento.

Aprovecho ese momento para retirarme al baño a cambiarme los protectores y luego regreso a la reunión, retomando la palabra y cerrando la negociación, en los términos en los que nos fijamos como objetivo, o sea, consiguiendo para nuestros empleados todos los beneficios que excedían lo ofrecido por los bancos comerciales al mercado, y a costo cero (vale aclarar que la situación no era común en esa época, sino que las empresas pagaban un costo a los bancos por los paquetes de beneficios brindados a cada uno de los empleados).

Pasaban los años y el CFO no dejaba de recordar esa situación, bochornosa para él, no para mí. En mi caso la situación solo me despertaba una señal de alarma, respecto de esta suerte de roles multitasking que desarrollaba intercambiando de manera automática y casi de manera inconsciente los diferentes roles en mi vida: como profesional, madre, pareja, hija, colega, amiga, etc. Y el grado de intensidad que le ponemos a todo, que hace que el cuerpo emita su señal para manifestarse, en este caso a través de un chorro a propulsión de leche materna...

Otra Historia personal: Atender la salud

La siguiente experiencia que traigo para compartirles, no es graciosa, pero digna de contarse como muestra de lo que vengo desarrollando en este capítulo sobre nuestro cuerpo.

Era un viernes por la mañana, estaba en mi despacho con la flamante nueva Directora Regional de Marketing, basada en Miami, quien luego que finalizáramos el *call* que manteníamos juntas con un proveedor de eventos y antes de ingresar a la siguiente reunión, se dirige al toilette y al regresar respira profundo y me dice: ¡Te tengo que decir algo! Ella había llegado a Buenos Aires el día lunes en la mañana, habíamos compartido cuatro días largos e intensos, a mí me gusta ser buena anfitriona y además de trabajar entre 10 y 12 horas seguidas, solía invitar a mis colegas a cenar o a conocer algún lugar que les pudiera resultar atractivo de Buenos Aires, en fin, los trato como me gusta que me traten cuando yo soy visitante.

Me insiste: ¡Te lo tengo que decir! Sí le digo, por supuesto, decime lo que sea que te tiene así de mal y preocupada. Entonces, vuelve a hacer una inhalación fuerte y profunda y me pregunta: ¿Vos te hiciste ver el nevo de color que tienes en el lado izquierdo de tu frente? A lo que respondo que sí. Vuelve a preguntar:

HABILIDADES DEL CORAJE

¿Hace cuánto tiempo? Hago memoria y realizo cálculos teniendo en cuenta la edad de Cala y le respondo: Unos 10 u 11 años. Me hace una nueva pregunta: ¿Y te lo controlas periódicamente? A lo que respondo: Bueno, no, porque nunca me indicaron que debía hacerlo.

Se le cambia la expresión del rostro y me dice: Mira, mi madre es una oncóloga especialista en casos de piel en USA y existe una estadística que siempre menciona y lamentablemente me muestra pacientes y me indica que aquellos que tienen nevo de color, en el 98% de los casos, tienen cáncer de piel.

Si bien intento no perder la calma, evidentemente mi mirada se transforma. Ella me dice: Por supuesto que no te menciono esto para preocuparte, pero sí para que ¡te ocupes!, sos una mujer increíble, amorosa, profesional, ¡luchando sola con una hija chica aún y te mereces estar bien! Haceme caso y que te controle un buen dermatólogo.

Yo le agradezco y entramos a la otra *call* a los 5 minutos, mientras transcurría la misma, yo estaba con mi mente en la estratosfera y había enviado 2 chat para pedir ayuda con un turno médico. Mi secretaria me consigue ver una dermatóloga a las 14:30 h de ese mismo día, por lo que me tomo un taxi entre reunión y reunión para atender el consejo que acababan de darme.

Llego al consultorio, la médica me hace pasar casi sin demora, le comento el motivo de mi consulta, me hace una serie de preguntas y me indica que me saque toda la ropa y me acueste en la camilla. Yo le digo que era el nevo de la frente que me quería controlar y en tono imperativo me dice: Tengo que controlarla, ¡por favor desnúdese!

Con pudor, me recuesto desnuda en la camilla y con una lupa gigante comienza a revisar cada parte de mi cuerpo, vale aclarar que no soy una persona que tiene muchos lunares, pero igualmente tomó un buen tiempo en la revisión o al menos esa fue mi sensación. Ahora bien, la sorpresa se la llevó cuando llegó a mi pierna izquierda, sobre la parte externa de la misma y casi llegando al tobillo, donde tenía un lunar inmenso de forma irregular, que su reacción fue sorpresiva y de preocupación. Yo levanto mi torso de la camilla, la miro y le digo: ¡Tengo algo malo! Me responde: Yo no puedo diagnosticar con una revisión simple, pero la envío con una carta de recomendación para que vaya a ver urgente al médico oncólogo especialista en piel, para que evalúe y realice biopsia del lunar. Me recomienda: ¡Urgente! No lo deje pasar.

Por supuesto, en el camino de regreso, yo no sabía dónde estaba, era como pisar en el aire. Me encontré con Sebastián, mi novio reciente, quien me ayudó a comunicarme para gestionar el turno ASAP *(nomenclatura que significa "as son as posible", es decir, en términos regulares, ¡urgente!)*, el que logramos obtener era para el siguiente martes a las 12:00 h. Se pueden imaginar ¡lo que fue ese fin de semana!, no dejaba de pensar, en mi única hija, en mis padres, el futuro, ¿qué me pasaría?, ¿lo superaría?, ¿cómo lo iban a tomar mis papás? Yo venía de atravesar la pérdida de mi pareja hacia apenas 5 años, a causa de un cáncer fulminante de pulmón, en fin, muchas emociones…

Llega el martes, me dirijo a la clínica, me atiende un médico del equipo del Doctor, le cuento todo el episodio y tiene una reacción bastante similar a la médica dermatóloga. Yo al observar su reacción, le pido por favor que quiero saber que tengo, si estoy avanzada o no, qué chances tengo de vida, ¡todo! Me dice que puede ser desde un lunar benigno, que casi lo descartaba por el aspecto, pasando por un melanoma in situ, hasta tener los ganglios comprometidos o metástasis, pero que para saberlo tenían que hacer una extirpación y mandar a anatomía patológica.

Me realizan el procedimiento, esa misma tarde y atravesé ¡los quince días más largos de mi vida! esperando angustiosamente los resultados del examen.

Al buscar el resultado, al regreso en el taxi abro el informe y leo textualmente que decía: "melanoma Viena Grado V" como no entendía a qué se refería, hice lo que no se recomienda hacer: buscar su significado ingresando a Google. La respuesta a mi búsqueda significaba que se trataba del cáncer más agresivo y de mayor propagación. Invadida por la angustia, llamo al médico, que gentilmente me había facilitado su celular y me dice que me fije si decía "márgenes libres". Por supuesto, no lo mencionaba y me insistía que busque en el informe y yo leía de manera desesperada en voz alta el mismo, pero ¡no lo decía! ¡Qué horror! ¡El equipo de informes de anatomía patológica se había olvidado de tipearlo y eso cambiaba mi panorama de manera radical!

Superé esa terrible situación, luego vinieron otras, estuve perdida por momentos, angustiada, preocupada, triste, pero jamás devastada y siempre con esperanza y energía positiva que me permitieran conectar con mi deseo de disfrute y de vida.

Pero una lección aprendí en el curso más acelerado de mi vida, y esa lección es la que quiero compartir con ustedes. Sin importar la cantidad de responsabilidades que tengas sobre tu espalda, tu cargo, tus hijos, padres, hermanos, situación económica, problemas, y docenas de temas más, **nada, pero nada,** es más importante que tu cuerpo y tu alma, y requiere de mucho cuidado para estar bien con vos primordialmente y luego que puedas brindar lo mejor de vos al resto.

Helen Keller

He elegido a una gran mujer como el exponente femenino más representativo para este capítulo. Helen Keller nació en Estados Unidos en 1880, y es reconocida como una referente escritora, oradora y activista política. Ustedes se preguntarán qué es lo que hizo tan especial Hellen como para elegirla para este capítulo. Hellen sufrió una grave enfermedad

HABILIDADES DEL CORAJE

a sus tan solo 19 meses de edad, que la dejó sorda, ciega y con un importante incapacidad para hablar. Imaginen por un momento lo difícil que puede ser para una persona, iniciar un proceso de aprendizaje de cualquier tipo sin poder escuchar ni ver. La fortuna de Hellen se produjo cuando sus padres decidieron buscar una instructora y fue así como conoció a una joven y entusiasta Anne Sullivan. Hellen, años después, pese a su incapacidad física se convirtió en la primera persona sordociega en obtener un título universitario. Se recuerda a Keller como una destacada activista y filántropa que promovió el sufragio femenino, y luchó por los derechos de las personas con discapacidades. Por sus logros, el presidente estadounidense Lyndon Johnson le otorgó la Medalla Presidencial de la Libertad en 1964, y en 1980, Jimmy Carter, decretó el día de su natalicio como el Día de Helen Keller.

Preguntas para tu propia reflexión

1. ¿Cuidas de tu cuerpo?
2. ¿Lo haces de manera consciente?
3. De 1 a 10 ¿qué lugar de importancia le das a tu cuerpo?
4. ¿Atravesaste alguna situación extrema en relación con tu salud?
5. ¿Realizas controles de rutina periódicamente?
6. ¿Quién está primero, vos, tus hijos, tus padres, pareja, trabajo?
7. ¿Cultivás hábitos saludables (alimentación, ejercicios, descanso)?
8. ¿Establecés correctamente las prioridades entre la salud, la familia y la profesión?
9. ¿Alguna vez consideraste que alguna característica de tu cuerpo te podía limitar en tus posibilidades?

HABILIDADES DEL CONOCIMIENTO

"Invertir en conocimientos produce siempre los mejores beneficios".
Benjamín Franklin

"Nuestro conocimiento es necesariamente finito, mientras que nuestra ignorancia es necesariamente infinita".
Karl Popper

¿Que entendemos por conocimiento? Es la facultad del ser humano para comprender por medio de la razón la naturaleza, cualidades y relaciones de las cosas.

MARISA **PIÑEIRO**

HABILIDADES DEL CONOCIMIENTO

9. CONOCIMIENTO

Suele entenderse por conocimiento, la información adquirida por una persona a través de la experiencia o la educación, la comprensión teórica o práctica de un asunto referente a la realidad. Lo que se adquiere como contenido intelectual relativo a un campo determinado o a la totalidad del universo.

En lo personal estoy convencida de que la competitividad nos demanda nuevas formas de hacer, lo que fuera que hagamos, ya sea prestar un servicio, armar un producto, realizar un proceso, y son justamente estas nuevas formas de hacer las que exigen nuevos conocimientos y nuevas formas de pensar.

Y algo que me apasiona es la gestión del conocimiento, una de las últimas herramientas en el campo de la gestión, que, si nos lo ponemos a pensar, no es más que una nueva etiqueta de un concepto tan antiguo como la propia humanidad: la capacidad de aprender.

Las empresas afrontan entornos cada vez más volátiles, inciertos, complejos, ambiguos y exigentes, de gran incertidumbre y competitividad. En estas condiciones solo pueden sobrevivir las organizaciones mejor preparadas para la innovación, la capacidad de aprender y la flexibilidad de adaptación y mejora continua.

Ninguna tecnología por sí sola ofrece una ventaja competitiva sostenible. Si lo analizamos, las empresas tienen la posibilidad de adquirir maquinarias, sistemas, tecnologías, sin embargo, no pueden comprar personas con talento y comprometidas con los valores y objetivos organizacionales.

Podemos concluir entonces que el principal factor de competitividad de las organizaciones se ha convertido en su conocimiento, y el conocimiento de la organización no es más que el de las personas que se desarrollan en ella y es justamente en ese conocimiento donde radica la capacidad de identificar y desarrollar nuevas oportunidades de negocio, brindar mejores servicios, ofrecer nuevos y mejores productos, de manera más rápida y alcanzando un menor costo. Para ello es preciso conseguir que las personas dispongan de la información y conocimientos necesarios y estén motivados y capacitados para afrontar los desafíos.

El conocimiento permite optimizar todos los recursos de una organización, incluyendo el recurso más importante: el talento de las personas. En la actualidad, una de las claves para que una empresa alcance el éxito buscado está en lograr la movilización del talento, las energías y motivación de su personal, a esto es lo que llamamos: gestión del conocimiento.

HABILIDADES DEL CONOCIMIENTO

Hoy ya nadie cuestiona que las personas son el principal activo de cualquier empresa, pero cuando lo hacemos, nos referimos a personas que cuentan con los conocimientos que permiten agregar valor a la organización.

En lo personal, especialmente en este capítulo, tengo la marca de mis padres, Luis e Irma, que siempre me inculcaron el estudio y el desarrollo de conocimiento, como la herencia más grande e importante que podría recibir de ellos. Y así fue como la ambición de conocimiento y mi desarrollo, hicieron que recorra ese camino que me llevó a estudiar muchísimas cosas. De pequeña era la que elegía actividades extracurriculares de las más variadas, como talleres de escritura, música, guitarra, piano, actuación, y luego de terminar el bachillerato, comencé la carrera de arquitectura, entre otros talleres que ayudaban en mi actividad laboral, la que comencé unos meses antes de estrenar mis 18 años.

Fue en esa actividad laboral, un poco secretaria, un poco administrativa y otro poco tesorera, donde fui tentada a cambiar de carrera de grado y así ingresé en la Universidad de Ciencias Económicas, donde estudié tanto la carrera de Contador Público, como la Licenciatura en Administración de Empresas.

En la graduación fui distinguida como abanderada y medalla de oro por mejor promedio en las últimas 3 colaciones de graduados. Y recién en ese momento fue cuando comprendí que el objetivo estaba dentro de mí, tanto como puede estar ¡frente a vos! Pero no crean que tengo un coeficiente superior o que soy un ser sobrenatural, me parece importante aclararlo ya que muchas veces, me estigmatizan en ese lugar erróneamente y lo único que me lleva a superarme día a día es el deseo y la ambición, ¡sí, la ambición! Esa palabra a la que estamos acostumbrados a darle una connotación negativa, pero en la que me quiero detener un momento ya que es importante aclarar su significado e importancia.

La ambición es el deseo intenso del individuo por conseguir las metas que se propone. Si bien suele confundirse con un deseo casi siempre reservado a la riqueza material, el poder y el reconocimiento o la fama; la palabra también puede adquirir connotación positiva y así la ambición puede entenderse como el deseo de destacarse por encima de los demás con una mejora personal constante.

Se trata de establecer metas y trabajar de forma continua para cumplirlas. Una persona con metas ambiciosas es entonces la que no solo tiene una meta u objetivo establecido, sino que también tiene el nivel de motivación y confianza necesarios, la energía imprescindible y la constancia suficiente para alcanzarla.

En este sentido, el nivel de ambición de una persona puede ser determinante a la hora de ver qué tan lejos llegará en la vida. Mientras que una persona sin mucha ambición puede conformarse fácilmente

HABILIDADES DEL CONOCIMIENTO

con lo que ya tiene, simplemente porque no siente un deseo intenso por obtener más o ser mejor, una persona ambiciosa, puede ponerse metas complicadas o metas a muy largo plazo, y es capaz de ser paciente y dar todo lo que sea necesario para conseguirlo. Es esa llama de la ambición las que nos convierte en más proclives a ser mejores estudiantes, ascender en la jerarquía laboral u obtener mejores ingresos, por mencionar algunos motivos válidos.

Y así es como yo me muevo por la vida convencida que una persona se convierte en extraordinaria simplemente por hacer algo "extra" a lo ordinario ¡tan simple como eso! y, además, si eso extra que uno agrega está dentro de tu corazón y tus anhelos, siempre existirá un lugar donde poder ir a buscar energía adicional.

Pero volviendo al momento de mi graduación, un momento grabado en mi memoria, imposible olvidarlo... Yo llegaba corriendo al teatro donde se realizaba la entrega de diplomas, recuerdo que solo había llegado a arreglarme el cabello por la mañana y luego afronté un día laboral agitado que solo me permitió cambiarme en el estudio y correr hacia el lugar de la colación. Entro apurada y jadeando, pregunto dónde debía registrarme, y cuando digo mi apellido, empiezan a comentar alborotadas entre el personal ¡llegó la abanderada! ¡llegó la abanderada! (estaban inquietos porque estábamos en hora de comenzar y yo no había llegado ni había reportado mi ausencia). Comenzaron a salir de todos lados, una me agarraba la cartera, otra me ponía la banda, me explicaban el ritual de la ceremonia y yo por dentro solo podía pensar en dos cosas. Por un lado, la emoción de mis padres al sorprenderlos cuando entrara al recinto, y por otro, me preguntaba ¿cómo había llegado yo a estar en ese lugar?

En ese preciso momento, mientras todo esto transcurría como en una película, y estaba detrás de los telones escondida escuchando la apertura del acto, esperando que anuncien el ingreso de la bandera de ceremonia, me di cuenta de que estaba ahí no por haberlo deseado o por buscar el reconocimiento de la bandera o del promedio, sino por haber realizado la carrera universitaria con el objetivo de aprender más. Esas ganas me habían llevado a no reprobar ningún examen, donde cada materia la cursaba no para saltar un obstáculo, y cada instancia de evaluación no la preparaba para pasar un examen, sino que siempre mi actitud y único objetivo fue adquirir conocimiento. Mi meta era aprender, durante estas y todas las carreras, postgrados, maestrías, cursos, proyectos; siempre mi objetivo es el mismo, aprender, aprender de contenido, aprender de la práctica, aprender de otros y con otros, y fue eso lo que me llevó a obtener distintos reconocimientos, como en este caso, no solo de las instituciones sino también de las personas.

Cierro mis ojos y puedo sentir como mi mirada se sorprendía de ver a mis amigos de pie, aplaudiendo, silbando y gritando mi nombre, ¡grande Marisa! ¡genia Marisa! ¡lo lograste!, ¡merecido capa!, mis profesores,

HABILIDADES DEL CONOCIMIENTO

que me abrazaron fuerte, fuerte y me comentaban del orgullo que sentían que sea yo quien recibía el reconocimiento, porque recordaban mi paso por sus cátedras.

También mi socio, el Doctor Héctor Francisco Valcarce, quien en ese momento era Tesorero del Consejo Profesional de Ciencias Económicas Delegación Avellaneda, quien se pavoneaba con el presidente del Consejo Delegación Lomas de Zamora, simplemente porque era en ese entonces su empleada.

Y qué decirles de mis padres, su emoción y su orgullo era ¡tan grande, tan pero tan grande! A pesar de nunca haberme exigido que logre una determinada nota, había algo en los valores y consejos que ellos me habían enseñado que habían generado sentido en mi forma de encarar la vida.

Y así continúe mi desarrollo, mi carrera, mi vida, y por supuesto siempre pragmática, llevé a la práctica los conocimientos adquiridos, ya que definitivamente considero que la experiencia genera un aporte fundamental en el círculo virtuoso del conocimiento.

Tips importantes

Ahora me gustaría compartirles algunos *tips* (fórmulas) importantes para optimizar nuestra práctica de aprender y ampliar nuestro conocimiento, tanto en lo personal como en las organizaciones en las que nos desempeñamos.

✓ Estar dispuesto a compartir el conocimiento.

- ✓ Poner en tela de juicio cualquier premisa y reconocer lo que se desconoce.

- ✓ Desarrollar el aprendizaje en un clima de confianza y transparencia.

- ✓ Anular los temores a fracasar, perder o equivocarse.

- ✓ Facilitar información a otros para que puedan generar aportes a la organización o provecho propio.

- ✓ Generar conciencia de un destino común compartido, que facilita la coordinación y el trabajo en equipo. Todos remando en un mismo barco y en una misma dirección, el éxito de todos depende de la capacidad del equipo y no de capacidades individuales.

- ✓ Combinar aptitud que brinda el conocimiento con la cuota de actitud adecuada, porque la aplicación del conocimiento depende de la motivación de las personas. Si las personas que poseen el conocimiento no están comprometidas, no lo pondrán en práctica.

- ✓ Predicar con el ejemplo de los valores declarados.

- ✓ Desarrollar un estilo de liderazgo basado en el conocimiento y los valores.

- ✓ Generar mecanismos donde las personas concretan la oportunidad de realizarse

HABILIDADES DEL CONOCIMIENTO

personalmente en el trabajo, sintiéndose respetadas y valoradas por lo que hacen.

✓ Tomar decisiones por consenso, evitando la imposición del poder jerárquico arbitrario.

✓ Reconocer y recompensar a las personas por su desempeño y su capacidad de aportar valor a la organización y no por su antigüedad, por su estatus o por su obediencia a las reglas impuestas de forma arbitraria. Las personas no están en las organizaciones solo para cumplir su trabajo sino para añadir valor.

Historia personal: El conocimiento hace la diferencia

Hay un momento que el análisis, el razonamiento y la buena toma de decisiones cuentan a la hora de alcanzar un desempeño de excelencia, por eso en este capítulo quiero traerles una anécdota donde me tocó llevar adelante una importante intervención de AFIP a la empresa, con relación al cumplimiento del Decreto 814/01, totalmente interpretativo, donde categorizarse en un inciso a o b generaba una distancia que se traducía en algunos millones de dólares de diferencia.

A mediados del año 2004 recibimos un requerimiento del organismo fiscal, solicitando una gran cantidad de información y documentación para cumplir en un plazo perentorio de 14 días. Llegada la fecha, los funcionarios son atendidos por el *Controller* de la empresa y luego de transcurrir varios días validando datos, nos notifican la apertura de la intervención a la empresa, para la cual solicitan un recinto, oficina o sala de reuniones, ya que el proceso demora un tiempo significativo, donde los funcionarios se instalan para realizar su tarea de fiscalización.

La compañía era extremadamente prolija, llevaba adelante todos los procesos que se imponían legalmente y abonaba los tributos correspondientes que impartían los organismos nacionales, provinciales y municipales.

Ahora bien, sin ánimos de aburrir en un aspecto tributario, explicaré brevemente el reclamo que generó el fisco en relación con el Decreto 814/01, donde el mismo establecía un beneficio de 4 puntos porcentuales de reducción en el costo de cargas sociales sobre la nómina a las empresas que, o bien se categorizaban como PYMES (respetando determinados parámetros) cuando se trataba de actividades servicios o comercio, o cuando el negocio principal de la empresa se tratara de actividades industriales. La compañía que había aplicado dicho beneficio, durante varios años, desde la publicación del mencionado decreto, hasta el momento de la intervención, por considerar a la actividad de medios como industria, tuvo que afrontar la defensa de un reclamo que ascendía a casi 2 millones de dólares, y fue mi conocimiento el que me dio una gran ayuda en este tema, sabía que debía defender la postura, y sabía

HABILIDADES DEL CONOCIMIENTO

por dónde ir.

Mientras muchos se preocupaban en ver la manera de no superar los parámetros como servicios, yo estaba convencida de que lo que no daba lugar a refutación alguna era el considerar a la actividad como industria. Existían normas de larga data que la categorizaban como tal, hasta la misma Presidente de la Nación en un discurso (que busqué especialmente para presentar como otro elemento de defensa) se refirió a la "tan valorada industria de medios". Por lo que reuní a un gran equipo conformado por varios contadores especialistas en impuestos, abogados tributaristas y administrativistas, para dar una batalla no solo de un gran impacto económico para la organización, sino también para mostrar seguridad jurídica de nuestro país hacia los accionistas americanos, y de ética respecto de la toma de decisiones oportunamente implementada y que se siguió respetando hasta el día de la fecha. El proceso lleva varios años, y lo que puedo contarles al momento de escribir este libro es que las tres primeras instancias administrativa y judiciales validaron la postura de la empresa. Si bien aún la Corte Suprema no se expidió sobre la cuestión de fondo, todas las fuentes validan la interpretación adoptada y justifican la aplicación del inciso b del famoso Decreto 814/01.

Grace Murray Hopper

En este capítulo quiero traer el recuerdo de la gran Grace Murray Hopper, una pionera en las ciencias computacionales. Actualmente es difícil imaginar nuestro día a día sin computadoras, ya sea en el trabajo o en casa, para hablar con amigos, para mirar series o para comprar por internet, la computadora es esencial e imprescindible en nuestros hogares.

Y justamente a quien le debemos mucho por esto es a Grace, pionera en el mundo tecnológico y del lenguaje de programación, ya que en la actualidad su legado científico cobra aún más relevancia. Esta mujer neoyorkina, estudió matemáticas y física y alcanzó el rango de contraalmirante en las fuerzas armadas. Inventó el primer compilador, un software que se encargaba de traducir un lenguaje de programación a un lenguaje que fuera comprendido por una máquina y pudiera procesarse. Sus avances fueron importantes para desarrollar los primeros lenguajes de programación modernos.

Por último, les comparto una de sus frases maravillosamente inspiradoras: "Un barco en el puerto es seguro, pero no es para eso para lo que se construyen las naves. Navegad en el mar y haced cosas nuevas".

HABILIDADES DEL CONOCIMIENTO

Preguntas para tu propia reflexión

1. *¿Soñaste con estudiar algo que te pareció difícil para vos?*

2. *¿Cómo crees que se potencia una cultura orientada al aprendizaje?*

3. *¿Alguna vez te pareció tarde comenzar a estudiar algo nuevo?*

4. *¿Qué dificultades internas sentís que no te permiten impulsar la innovación que favorece el aprendizaje?*

5. *¿Intentás aprender sobre qué te pasa como persona, como equipo o familia?*

6. *¿Buscás encontrar fuentes de conocimiento a los saberes fácticos?*

7. *¿Es el aula un lugar para aprender o reflexionar sobre lo que nos pasa?*

8. *¿Creés que la diversidad influye en la riqueza del conocimiento?*

10. COMUNICACIÓN

"Los hombres sabios hablan porque tienen algo que decir; los necios porque tienen que decir algo."

Platón

"Sean cuales sean las palabras que usamos, deberían ser usadas con cuidado porque la gente que las escucha será influenciada para bien o para mal."

Buddha

Todas las compañías manifiestan tener problemas de comunicación, todos los líderes reconocen fracasar en muchos objetivos a causa de esta razón, en todos los equipos se mencionan problemas de comunicación que no les permiten avanzar en proyectos.

"Los cambios importantes son generalmente imposibles a menos que la mayoría de los empleados deseen ayudar, al punto de hacer sacrificios de corto plazo. Pero la gente no hará esos sacrificios, aunque no estén contentos con la situación actual, a menos que piensen que los beneficios potenciales del cambio son atractivos y que piensen que una verdadera transformación es posible. Sin una frecuente y creíble comunicación, el corazón de los empleados nunca será capturado".

HABILIDADES DEL CONOCIMIENTO

John P. Kotter Autor de Leading Change

Dicho esto, no queda lugar a dudas que una de las principales habilidades de un buen líder es la de ser capaz de comunicar y lograr influenciar a las personas, sin comunicación no hay seguidores, entonces difícilmente pueda haber liderazgo. La motivación de los equipos de trabajo depende enormemente de la comunicación que posee el líder con estos, por ese motivo es que considero que esta capacidad es una de las fundamentales para convertirnos en buenas líderes.

La comunicación es una herramienta absolutamente poderosa, tiene la capacidad de crear, fortalecer, mejorar relaciones cuando es bien utilizada, pero ¡cuidado! porque, así como nos puede ayudar, también se convierte en una herramienta negativa cuando no es adecuadamente gestionada, generando el efecto inverso, destruye relaciones laborales, comerciales, societarias y de todo tipo.

Es una habilidad para trabajar ¡así de simple! Por eso la invitación es a desarrollar una buena comunicación asertiva.

Quiero detenerme un momento, ya que no es menor poder identificar el estilo de comunicación preponderante en cada una de nosotras, considerando que podemos distinguir el pasivo, el agresivo y el asertivo.

El pasivo se caracteriza por no decir lo que en

realidad quiere y necesita decir. Este tipo de personas son las que evitan permanentemente el conflicto, las solemos llamar "que tienen el sí flojo". Si bien como ventaja podemos señalar el buen nivel de escucha, la desventaja resulta superadora en el aspecto negativo ya que no logra concretar sus intereses, además de terminar explotando o implosionando cuando reacciona sobre algunos abusos a los que el mismo interlocutor accedió.

El agresivo, casi en el polo opuesto del pasivo, es el comunicador con verborragia que no se detiene a escuchar, que dice todo cuanto quiere decir, sin reparar en el otro y sin filtro, a quien comúnmente llamamos "sin pelos en la lengua". Este estilo, totalmente carente de empatía, tiene como ventaja que logra decir lo que quiere, pero trae como negativo, la ausencia o el bajo nivel de escucha.

El asertivo, es el estilo de comunicación ideal y recomendado, ya que comunica lo que desea, pero haciéndolo de manera firme y respetuosa, poniéndose en el lugar del otro. Por ello este estilo de comunicación permite desarrollar vínculos duraderos y resulta ser absolutamente efectivo.

Debido a lo cual, la recomendación es trabajar sobre este último estilo de comunicación. Pero al hacerlo, no debe ser de cualquier forma, la clave es ser certero, cuando uno es certero funciona, caso contrario no. Ser certero y estar bien informado es un requerimiento para todo tipo de comunicación. La

HABILIDADES DEL CONOCIMIENTO

falta de profundidad y certeza además de no producir el resultado buscado, genera un efecto contraproducente en todos los sentidos posibles.

Si buceamos en su significado, certeza proviene de cierto, es el conocimiento seguro y claro de algo, es la firme adhesión de la mente a algo conocido, sin temor a errar. Esto último me parece fundamental y muy importante de resaltar, "no temer a errar", siempre es posible cambiar algo, siempre es posible mejorar y hacer algo más perfecto. Diría que hasta es aceptable estar alertas, pero solo debe funcionar así y no como barrera, ya que en general las mujeres muchas veces temen errar y ese solo pensamiento es como una atracción a fallar. Por ello quiero recomendar que busquen ser prudentes porque eso las convierte en personas y profesionales efectivas, pero tener cuidado con los excesos que pueden llevarlas a convertirse en personas temerosas, y esa postura definitivamente no suma.

Ahora bien, a pesar de la importancia de desarrollar el estilo asertivo de comunicación, no se debe perder de vista que según la programación neurolingüística, el sentido que una persona le asigna a lo que se le dice o comunica, está conformado tan solo en 7% por lo dicho, mientras que el componente vocal (tono, volumen) le asigna el 38%, y a lo corporal (postura, corporalidad) el 55% restante. Esto significa que no alcanza con preparar el contenido del mensaje, también es muy importante y con mayor impacto en el resultado, la manera en que nos expresamos corporalmente y el tono de voz que utilizamos. Estas tres aristas bien articuladas, hacen que resultemos buenos, regulares o malos comunicadores.

Tampoco debemos dejar pasar la diferencia que existe entre informar y comunicar, ya que cuando informo emito un mensaje, pero cuando comunico debo asegurarme cuál es el mensaje interpretado por quien lo recibe, ya que la comunicación se constituye tanto en lo que yo emito como en lo que el otro interpreta de mi mensaje. Por eso, es sumamente importante y diferencial para un líder, ajustar el mensaje a la audiencia y validarlo con ella.

Y aquí quiero compartirte la importancia de identificar la audiencia a quien te estás dirigiendo, a quien estás comunicando. Un líder que sabe comunicar asertivamente tiene la capacidad de diferenciar los estilos de comunicación preferidas de su audiencia. Entre los más relevantes y volviendo a la PNL, se encuentran los auditivos, los visuales y los kinestésicos. Poder diferenciarlos te permite seleccionar el medio de comunicación más adecuado para cada uno de ellos. Si la persona que lideras es auditiva, tu medio de comunicación deberá ser cara a cara o incluso por teléfono o audio de voz, pero no esperes que entienda todo lo que le transmites por escrito. Por el contrario, una persona visual necesita "leerte", y requiere que pongas énfasis en mensajes escritos por mail, presentaciones o documentos. En el caso de los kinestésicos, son personas que priorizan la experiencia, asimilan los mensajes viéndote actuar,

HABILIDADES DEL CONOCIMIENTO

acompañando tu mensaje a través de la práctica de una acción concreta o de una historia que le cuentes y que ejemplifique lo que intentas transmitirle. Cuando conoces a tu equipo, puedes observarlos y rápidamente identificar a través de las palabras que utilizan, cuál es la modalidad de comunicación o aprendizaje que prefieren. Los visuales hablan más rápido y utilizan verbos como "veo", "visualizo"; los auditivos se expresan en una velocidad media con verbos como "me resuena", "lo que escucho" y los kinestésicos utilizan una velocidad más lenta para expresarse y hablan tanto en términos de acción tales como "ponerlo en práctica" como vinculados a emociones y sentimientos "lo que siento", "con lo que me identifico".

Por último, déjenme señalar la estrecha relación que existe entre comunicación y emociones. Por ello, sepamos que, ¡cuando estamos enojadas comunicamos mal!, de ahí que la última recomendación que les hago es contar hasta 10 antes de responder en un dialogo presencial, dejar en borrador un mail difícil de contestar y pensar y ensayar una conversación difícil de mantener, ya que con emociones más equilibradas se puede actuar más efectivamente y contribuye con la asertividad de la comunicación.

En este capítulo, les traigo dos anécdotas.

MARISA PIÑEIRO

Historia Personal: Escuchar más allá de lo que comunican los empleados

Esta primera, sucedió en el año 2008. La empresa de medios donde me desempeñaba como SVP HR, había establecido como uno de sus objetivos medir el clima laboral en todas las operaciones establecidas en los diferentes continentes, y para ello se decidió implementar la metodología de *Great Place to Work*, que además de contar con un buen estándar para la medición de clima, permitía hacer análisis internacionales, y sumarse a un trabajo recorrido por muchas operaciones en diferentes partes del mundo que ya venían aplicando dicha herramienta.

Luego de realizar un gran trabajo con los consultores que acompañaron en la implementación, recibimos los resultados con una profundidad de análisis que permitía evaluar y ensayar posibles acciones con un gran nivel de detalle.

Así fue como trabajamos en el desarrollo e implementación de una estrategia de comunicación interna, junto con la gran profesional y actual amiga Alejandra Brandolini, presidenta de AB COM, entre otros tantos roles que desempeña con tanta pericia.

El trabajo ejecutado fue maravilloso, tanto en los resultados y como experiencia profesional y personal. Realizamos una auditoria previa, proceso que se realizó con extremo cuidado y nivel de detalle. La información relevada nos permitía ajustar, tanto la política de comunicación interna, como los canales,

HABILIDADES DEL CONOCIMIENTO

los mensajes y voceros, pero en medio del análisis surgió un hallazgo increíble: ¡los empleados se quejaban de los beneficios que les brindaba la empresa! Y ¡no les puedo explicar el presupuesto que invertía en dicha partida y la cantidad de beneficios que percibían! Desde salud, seguro, regalos en fechas especiales como fin de año, día del padre y la madre, día del niño, comienzo de clases, celebración de fechas importantes como Pascuas, capacitaciones especiales, entrenamiento de idiomas, gimnasio, y una larga lista de muchos beneficios más.

El presupuesto que se invertía era de un porcentaje importante sobre el *payroll* total y ¡los empleados se quejaban de lo que recibían! Era de ¡no creer! Las encuestas eran anónimas, pero yo recuerdo haber dedicado un fin de semana entero a leer conclusiones y detalles y en cada comentario, creía escuchar al empleado que lo estaba diciendo (por ese entonces una empresa de casi 600 empleados de nómina total).

La semana siguiente, mientras estaba trabajando con el equipo y no podíamos salir del asombro y la indignación, ¡EUREKA! empezamos a agudizar el análisis y desmenuzar los datos y llegamos a la conclusión que quien no valoraba el plan de salud, era el empleado joven, y al mayor no le interesaba el gimnasio, el empleado soltero no valoraba el seguro de vida pero reclamaba *work-life balance (definido por el diccionario de Cambridge como el tiempo que uno pasa en el trabajo comparado con el tiempo que pasa con la familia y con actividades que uno disfruta).* Y así puedo mencionar una larga lista, por lo que convoqué al equipo y nos pusimos a trabajar en un innovador *Plan de Beneficios Flexible*, que consistía en un sistema de créditos, que se otorgaban de acuerdo con el nivel de la posición, alineado a la estructura de compensaciones, cuyas características principales eran: que el empleado era quien podía armar anualmente su plan de beneficios, asignando los créditos recibidos de acuerdo con la preferencia personal de sus gustos y necesidades. Otro de los requisitos era no exceder el presupuesto invertido y finalmente debía resultar de fácil gestión administrativa para el empleado, y para el departamento de recursos humanos.

Así fue como, este plan absolutamente novedoso para la época generó un impacto importantísimo en el clima, nivel de satisfacción y *engagement* de los empleados. Fue además premiado localmente por Meta 4, como Premio a la Innovación de RRHH e internacionalmente por el *board* de HR por práctica innovadora. Trabajamos ayudando a replicarlo en otras operaciones y en otras empresas en Argentina, y todo fue gracias a poder comunicarnos adecuadamente con nuestros empleados.

Historia Personal: Comunicarse más allá de las barreras idiomáticas

En este capítulo quise traer una segunda anécdota, para mostrar el efecto de las barreras en la comunicación.

Estábamos en la primera reunión de directorio que

HABILIDADES DEL CONOCIMIENTO

había convocado el CEO para LATAM en Miami. Vale aclarar que yo a esa altura tenía un nivel de inglés avanzado, pero me relacionaba con nativos y bilingües en el idioma. Por ese motivo, a pesar de que en las calles de Miami todos hablan más en español que en el idioma estadounidense, en la empresa, dado que uno de los directores era nativo inglés y no sabía español, las comunicaciones eran en su mayoría en inglés.

Nos encontrábamos casi finalizando la reunión, y el último punto del orden del día consistía en la definición de la compra de un canal de deporte de nicho. Para lo cual debíamos analizar los indicadores presentados por nuestro jefe, CEO de LATAM, y votar, para poder expresar nuestra decisión al respecto. La inversión era importante, más de USD 1,5 M, razón por la cual, ante la confusión sobre el tipo de valuación de dicha empresa, solicito que me repitan los ratios mencionados y luego que me amplíen sobre el criterio de valuación.

En ese momento, el CFO, un español con un estilo de comunicación agresivo, levantando bastante su tono de voz, me dice: *"Excuse me Marisa, are you not fully bilingual? Honestly, we are all senior executives (el directorio lo integrábamos 7 directores hombres y yo) and our time is extremely valuable, we can't be interrupting just because you don't understand" mi Traducción: Disculpas Marisa, ¿vos no sos bilingüe? Sinceramente, todos somos altos ejecutivos y nuestro tiempo es sumamente valioso, no podemos estar interrumpiendo tan solo porque no entendés."*

MARISA **PIÑEIRO**

Esas son las ocasiones donde contar hasta 3,5 o 10 ayudan mucho y permiten marcar la diferencia y realizar una comunicación asertiva. Así que recordando esto respiré, volví a respirar, y con mucha altura le respondí: *"You are right, I am not bilingual, but I can communicate without any difficulties. Obviously, when the shareholders offered me to take the position of director of operations and be part of this board, they did it knowing that I was not bilingual and trusting in my abilities for such a responsible position and it is precisely that responsibility for such an important decision. which leads me to make sure of my understanding."*

Mi traducción: "*Tienes razón, no soy bilingüe, pero puedo comunicarme sin dificultad alguna. Obviamente, cuando los accionistas me ofrecieron tomar el puesto de director de operaciones y ser parte de este directorio, lo hicieron sabiendo que no era bilingüe y confiando en mis habilidades para una posición de tanta responsabilidad y es precisamente esa responsabilidad sobre una decisión tan importante la que me lleva a asegurarme de mi entendimiento.*

Si bien, actualmente es obligatorio hablar inglés, no lo era al momento de mi contratación a la empresa y cuando me ofrecieron la posición de COO, evidentemente tuvieron más en cuenta las habilidades que tengo como líder, que por mi nivel de inglés.

Pero ¿sabes qué? Lo más importante fue mi respiración, mi tono de voz, mi corporalidad, mi entonación y mi mirada... en todo mi ser se reflejaba la seguridad de mi mensaje y con respeto, dejaba en

HABILIDADES DEL CONOCIMIENTO

evidencia su desacertada intervención; por supuesto, una de las tantas situaciones desagradables que me tocó vivir durante mi trayectoria corporativa y una de las razones que me impulsaron a escribir este libro para vos. Para que puedas quedarte con algunos aprendizajes y herramientas que te ayuden a transitar mejor tu camino profesional.

Hedy Lamarr

Como mujer elegida para honrar este capítulo, traigo a la bellísima Hedy Lamarr, quien además de ser una actriz, reinó en el olimpo del Hollywood dorado. Poseía un glamour admirable, que balancea sus otras facetas más desconocidas. La artista no sólo fue una sex symbol, sino que fue dueña de una mente privilegiada y la autora de un sistema de comunicaciones en el que se basan todas las tecnologías existentes en la actualidad. Se podría decir que es la precursora del actual WIFI.

Inventar era su auténtica pasión. Su asignatura preferida era la química y desde muy temprana edad empezó a interesarse por la tecnología, igual que su padre, al que adoraba. Desarrolló una carrera paralela y bastante discreta como ingeniera de telecomunicaciones y ayudó al magnate Howard Hugues en su obsesión por crear un avión más rápido, estudiando la aerodinámica de los pájaros y la fisonomía de los peces.

Y antes de despedirme del apasionante tema de la comunicación, te dejo para que reflexiones sobre tu estilo de comunicación preponderante.

HABILIDADES DEL CONOCIMIENTO

Preguntas para tu propia reflexión

1. ¿Cómo identificás tu estilo de comunicación? ¿sos pasiva? ¿sos agresiva o asertiva?

2. ¿Sos certera? ¿te manejás con certeza?

3. ¿Cómo te afectan las emociones cuando comunicás?

4. ¿Solés asumir interpretaciones en los mensajes?

5. ¿Tenés barreras en la comunicación que te impiden ser efectiva con el mensaje?

6. ¿Cuál es tu nivel de escucha?

7. ¿Por lo general informás o comunicás? ¿Te ocupás de revisar la interpretación del mensaje?

8. Piensa en tu primera presentación de alta exposición y alto impacto, ¿Cómo te preparaste?

11. CRITERIO

> "Me gusta la gente con criterio, la que no se avergüenza de reconocer que no sabe algo o que se equivocó"
> ***Mario Benedetti***

> "Hay que amar lo que es digno de ser amado y odiar lo que es odioso, más hace falta buen criterio para distinguir entre lo uno y lo otro"
> ***Robert Lee Frost***

En muchas oportunidades hablando con colegas, hemos mencionado la importancia de contar con criterio en nuestros colaboradores, pares, líderes e incluso en nosotros mismos.

Por eso antes de meternos con el tema me gustaría comenzar aclarando el concepto. Cuando hablamos de criterio ¿a qué nos referimos?

El término criterio tiene su origen en un vocablo griego κριτήριον (kritérion), que a su vez deriva del verbo κρίνειν (krínein), que significa "juzgar". Se denomina criterio al principio o norma según el cual se puede conocer la verdad, tomar una determinación, u opinar o juzgar sobre determinado asunto.

El significado de criterio es juicio o la capacidad de

HABILIDADES DEL CONOCIMIENTO

las personas para emitir un juicio respecto a algo o alguien de acuerdo con la información con la que cuenta. Significa la opinión sobre algo.

En este sentido, criterio es aquello que nos permite establecer las pautas o principios a partir de los cuales podremos distinguir una cosa de la otra, como por ejemplo lo verdadero de lo falso, lo correcto de lo incorrecto, lo que tiene sentido de lo que no.

Así, el criterio se asocia a la facultad racional del ser humano para tomar decisiones y realizar juicios, razón por la cual resulta una herramienta fundamental para establecer diferencias y tomar decisiones, que sean acertadas o no, dependen de las fuentes que aprovechamos para enriquecer nuestro criterio.

El hecho de que sea formado a partir de nuestras experiencias y fuentes diversas que lo enriquecen e influyen, en mayor o menor medida, hace que el criterio tenga una naturaleza subjetiva, base del constructivismo, que explica que una persona entenderá algo de una forma u otra dependiendo de sus vivencias pasadas, su historia, su forma de ver la vida, etc.

Decimos que hablar con criterio, es hablar sabiendo lo que se dice. De allí que criterio también se refiera a la capacidad de una persona para emitir un juicio, adoptar una opinión o tomar una resolución sobre alguna cuestión: "No poseo criterio para opinar en temas de arte bizantino, pues no sé nada del tema".

De este modo, criterio también puede emplearse como sinónimo de juicio o discernimiento: "Pablo prefiere incorporar siempre verduras en sus comidas, porque, de acuerdo con su criterio, es más saludable ser vegetariano".

El criterio es fundamental a la hora de tomar decisiones, realizar valoraciones o expresar nuestro punto de vista con respecto a alguna cosa. En este sentido, el criterio no solo se aplica en todas las disciplinas del conocimiento, sino también en las más diversas facetas de la vida.

El buen criterio es esencial en el liderazgo. A un líder se le juzga por los resultados y el rendimiento de su organización, dichos resultados dependen en gran parte por las decisiones que toma el líder. El éxito dependerá no sólo de la decisión tomada y del momento en el que se toma, sino también del resultado que arroja la misma y que mucho tendrá que ver en cómo gestione el líder el proceso decisorio en su conjunto y su implementación.

Recuerdo como si fuera hoy un diálogo con mi hija de 6 años, cuando luego de ayudarla con la explicación en una de sus primeras tareas escolares, levanta su cabecita, dirige su mirada directamente hacia la mía y con esos ojazos divinos de admiración, con su tono de voz grave y acompañando la expresión de la mirada, me dice:

—Mami, ¡vos lo sabes todo!

Sonreí y le dije que esa era su percepción, pero que

HABILIDADES DEL CONOCIMIENTO

simplemente estaba compartiendo algo de muchos saberes que adquirí como ella a su edad, pero que definitivamente no sabía todo.

—Mami ¿Cómo se hace para saber todo? —siguió preguntando y luego de un instante exclamó— ¡Cuando yo sea grande, ¡lo quiero saber todo!

En ese momento, me quedé pensativa, yo siempre fui muy curiosa y ambiciosa, sobre todo con el conocimiento, pero nunca se me había cruzado ese objetivo, ese sueño y mucho menos a esa edad, sino que por el contrario, a medida que fui creciendo, me fui formando, fui adquiriendo diversa educación formal y me fui enfrentando a muchos autores, catedráticos, profesores, instructores, empresarios, con opiniones distintas y donde compartía en algunas ocasiones y no en otras.

Pero encontraba que estas personas muy respetables desde sus conocimientos o experiencias y recorridos de vida, compartían sus exposiciones como la verdad absoluta, y fue en ese momento cuando entendí que yo tenía un criterio, que podía discernir de lo que otros sostenían, y podía justificar con capacidad objetiva la validez de mis juicios.

Historia personal: El criterio basado en valores

La anécdota que traigo para contarles en este capítulo está relacionada con el negocio de la compañía que me tocaba gestionar como Gerente General.

MARISA **PIÑEIRO**

Hacía ya tres años que habíamos comenzado a desarrollar nuestra estrategia de desarrollo sustentable del negocio de medios, donde no dejábamos de perseguir el objetivo económico, pero ahora adicionalmente teníamos definida una matriz de sustentabilidad corporativa que nos imponía nuevos objetivos.

Sin dejar de cuidar el aspecto económico, también definimos metas que alcanzaban el impacto ambiental y social de nuestra empresa. Así comenzamos a trabajar en aspectos que colaboraran en el desarrollo de una cuidada sociedad digital, a través de la inclusión de los adultos mayores a este nuevo mundo, trabajando en la protección de los niños y adolescentes en su exposición en las redes e invirtiendo en la comunidad en su conjunto de diferentes formas.

Comenzamos también a medir y gestionar el impacto que nuestro negocio generaba en el medio ambiente, por ello implementamos muchas acciones: cuidando el desecho de residuos electrónicos, reduciendo la huella de carbono, eficientizando el consumo energético, además de la donación de papel y plástico, que hacía ya más de ocho años habíamos comenzado a coordinar. En principio con el papel y desde el 2006 sumamos las tapitas plásticas, junto al Hospital Dr. Juan P. Garrahan, quienes cuentan con un programa que involucra a toda la sociedad en relación con estas donaciones y luego se ensambla con una cadena de logística voluntaria que finaliza en la entrega de grandes volúmenes de material a empresas de reciclaje. En este campo también organizamos plantaciones anuales con el objetivo de compensar el mínimo consumo que no podíamos evitar para llevar adelante el negocio.

Trabajamos puertas adentro de la organización, con nuestros empleados, en la gerencia corporativa y la cadena de valor con nuestros clientes y proveedores. A nuestros clientes, ofrecimos privacidad en la información, garantizando la seguridad de datos y brindando innovación en servicios y productos de calidad. Todo esto como algo absolutamente innovador para esa época. También se ofrecía tanto a clientes como a proveedores la posibilidad de sumarse y replicar cualquiera de nuestros programas, colaborando en su implementación.

Si bien no me voy a detener contando toda la gestión implementada a partir de la estrategia definida, con relación al cuidado de los clientes y la excelencia del producto brindado, se llegó a realizar una alianza estratégica con la Fundación Cibersegura. Desarrollamos una campaña de protección que denominamos #quelaredacteenrede, y que consistía en cortos animados con la participación de las figuras de nuestra pantalla, donde abordamos temas como *cyberbullying*, *grooming* y reputación *on line,* hasta ciclos de documentales maravillosos sobre el tema de violencia de género: "Mujeres que no callan" y "Cuando dije basta", tema que fue abordado integralmente y acompañado por la generación de proyectos de ley que buscan generar cambios que ayudan a subsanar la problemática.

Pero ¡ahora sí! Metiéndonos en el tema de este capítulo, les cuento que la programación de los canales estaba a cargo de la Directora de Contenidos, con la supervisión de un Comité de Programación que tenía mi aprobación final, la que en general no ofrecía cambios, ya que contaba con un equipo de soberbios profesionales que hacían su trabajo maravillosamente, pero en esta oportunidad se presentó un caso que ameritó de mi criterio y que les traigo para ilustrar la habilidad que me parece tan importante en un líder.

Se había comprado material para la señal Europa Europa —uno de los canales de nuestro portfolio y cuya esencia era el de programar un exquisito material europeo desde películas de época, contemporáneas, series y documentales— entre las adquisiciones se encontraba una serie que mostraba el trato violento de una mujer italiana. La misma era absolutamente taquillera y prometía un estupendo rating, que generaba elevadas tarifas publicitarias tradicionales, además de sponsors que se traducían en un excelente ingreso para la compañía. El Comité nunca levanta el punto y solamente reporta en la programación del siguiente mes el título de la misma con una simple descripción del argumento y una observación. Al notarlo, solicito los antecedentes y, a pesar de contar con mucha resistencia de la directora de contenidos y del Comité completo por los resultados económicos

HABILIDADES DEL CONOCIMIENTO

que prometía dicho título, mi criterio me lleva a quitar la serie de la pantalla. ¿y qué me lleva a tomar la decisión? El resultado económico de le empresa no podía estar en contraposición del aspecto social y reflejar una falta de coherencia entre el contenido que nuestra pantalla emitiría, dejando un mensaje a la audiencia que resultaba totalmente contradictorio a la estrategia de sustentabilidad —que entre otros objetivos— defendía la vulnerabilidad de las mujeres y la violencia de genero.

Resulta muy importante en toda persona, pero fundamentalmente en un líder, que además de gestionar, enseña con un ejemplo a aplicar y defender su criterio en la batería de decisiones que toma periódicamente.

Angela Merkel

Mientras que en América Latina, los gobernantes responden como caudillos al desafío planteado por el COVID-19, ya sea imponiendo toques de queda, o ignorando la amenaza, en Alemania, la canciller Merkel está gobernando con calma y tranquilidad, tomando decisiones con criterio, lo que se refleja en las encuestas, ya que cuenta con una gran aprobación por parte de los alemanes, que confían en su líder cuando las circunstancias cambian de manera dramática como sucede con esta pandemia y amenazan con salirse de control, como sucedió en el vuelco de la política energética nuclear de su país luego del desastre de Fukushima.

Como buena física que es, Merkel trabaja sobre la base de los hechos, y lidera la crisis de la pandemia en momentos en los que es imposible de predecir su evolución, adaptando la gestión de la misma a las circunstancias fácticas que se producen momento a momento y las conclusiones que su propio criterio y el de sus asesores determinan.

HABILIDADES DEL CONOCIMIENTO

Preguntas para tu propia reflexión

1. *¿Cuál es tu opinión sobre el criterio?*

2. *¿Solés defender tu criterio?*

3. *¿Cuándo aplicaste tu criterio, considerás que fue asertiva?*

4. *¿Cuál es tu racional cuando usás tu criterio?*

5. *¿En alguna oportunidad, te han demostrado que tu criterio estaba errado?*

6. *¿Considerás que se nace con criterio o se forma a lo largo de la vida?*

7. *¿Has entrenado tu criterio?*

12. COHERENCIA

> "Es más fácil luchar por unos principios
> que vivir de acuerdo con ellos."
> ***Alfred Adler***

> "La identidad de un hombre consiste en
> la coherencia entre lo que es y lo que piensa."
> ***Charles Sandeers Peirce***

¿De qué hablamos cuando hablamos de coherencia?

Cuando definimos el significado de coherencia, decimos que es la cohesión o relación entre una cosa y otra. Se utiliza el concepto para nombrar algo que resulta lógico y consecuente respecto a un antecedente. Lo coherente, es en consecuencia, algo que mantiene una misma línea con una posición previa.

Particularmente en este capítulo, por coherencia nos referimos a la actitud consecuente de una persona en relación con una postura asumida anteriormente. En este sentido, cuando decimos que alguien es coherente, es porque se verifica que existe correspondencia entre su forma de pensar, sentir y de conducirse, el famoso *"walk the talk"*.

HABILIDADES DEL CONOCIMIENTO

Ahora bien, si liderazgo es el conjunto de habilidades directivas que un individuo posee para influir en la forma de actuar de las personas o en un equipo de trabajo, haciendo que estos trabajen con entusiasmo para el logro de sus metas y objetivos, entonces, un líder coherente es aquel que actúa, no en función de lo que le resulta más cómodo o sencillo, sino que piensa antes de actuar en las potenciales consecuencias de sus actos en las otras personas, equipo y sistemas con los que interactúa para evitar así impactos negativos o no deseados.

Por eso cuando esta habilidad está presente y desarrollamos un liderazgo que tiene un comportamiento coherente, nos encontramos como resultado un proceso integral, honesto y auténtico con relación entre lo que pensamos, sentimos y hacemos.

En esta línea de pensamiento, este liderazgo debe ser absolutamente coherente entre lo que exige a sus reportes y equipos de trabajo y lo que el líder aporta al resto. Decimos además que debe actuar con el ejemplo y en sintonía con lo que piensa, asumiendo las consecuencias derivadas de ello, porque solo de esa forma logra la credibilidad necesaria para liderar de manera efectiva y autentica.

Cuando el líder tiene un comportamiento auténtico y motivado por pensamientos y sentimientos positivos, entonces dice lo que cree y cree en lo que dice, su influencia en el equipo siempre será positiva. Lo importante además es que esto también funciona a la inversa, cuando no existe coherencia, esto influye negativamente en el equipo.

En la coherencia sobreviene un espíritu en el bien común, es como la opción de la pirinola, ¡perdón a las más jovencitas! Abro un paréntesis para contarles que "la pirinola" se trataba de un juego que consistía en seguir las instrucciones de un elemento giratorio y una de las opciones era "todos ganan" el famoso *win-win*, gana la persona, el líder, el equipo, los otros equipos, la organización, el accionista, el proveedor, el cliente, la sociedad toda. Ahora bien, cuando no está presente este espíritu, no se está liderando, sino que se está ejerciendo poder.

Para ejercer el liderazgo se requiere de la gestión eficiente de los equipos de trabajo, generar confianza entre las personas que los conforman e interactúan en la organización; buscar transmitir a cada uno de su importante rol e impacto en el producto o servicio final y en los resultados, y trasladar una visión compartida del futuro de la empresa, encaminada hacia la obtención de retos y metas realistas, alcanzando objetivos comunes e individuales al mismo tiempo, porque debe establecerse una armonía entre ambos. Además, y no menos importante, el líder debe fomentar la autonomía de sus miembros en sus actuaciones y la toma de iniciativas.

Entonces, si debo enumerar las características que debe tener un líder coherente, la resumiría en las siguientes:

HABILIDADES DEL CONOCIMIENTO

- Un líder coherente primero se auto lidera como punto de partida, ya que quien no es capaz de liderar su propia vida no puede liderar a otras personas.

- No ser dueño de tu propia vida, te pone viviendo a merced de las circunstancias. Es muy importante que el líder cuente con un gran conocimiento de sí mismo, conocer sus valores y principios.

- Es consciente de su talento, sus fortalezas y de sus áreas de mejora.

- Y por, sobre todo, conoce cuál es su propósito de liderazgo y de vida.

- Desarrolla la confianza como una habilidad troncal, que le permite desarrollar un vínculo que lo habilita a confiar en los otros y que también los otros confíen en él.

- Es sincero y cumple sus compromisos.

- Muestra equilibrio y serenidad en sus actos y sus decisiones.

- Cuenta con la capacidad de poner foco y atención en lo importante.

- Gestiona adecuadamente sus emociones y las pone al servicio de su propósito.

- Mantiene una conciliación personal y profesional.

- Es absolutamente trasparente, se muestra tal y

como es.

- Está disponible y se muestra empático con la forma de mirar de otras personas.
- Desarrolla relaciones duraderas a través del ejemplo y la conversación.
- No se queda con la función del empleado, se interesa por la persona que funciona en medio del ecosistema y que es un engranaje fundamental para el funcionamiento, tanto como él o el resto de las personas y equipos que se complementan con otras tareas y otras áreas.
- Es flexible y se adapta al contexto, las situaciones y los cambios, aceptando la incertidumbre y valorando siempre la oportunidad, la diversidad y la diferencia.
- Cuenta con la gran virtud de transformar los problemas en desafíos, de los que a su vez se nutren, aprenden y motivan.

Entonces, ¿por qué la coherencia es un valor fundamental para desarrollar el papel de líder? Es por esta capacidad que tiene el poder de afianzar y consolidar un equipo de trabajo, de manera tal que todos los integrantes del mismo se sientan a gusto con él y así se genere una relación sólida y a largo plazo, en la cual prevalece la confianza.

En definitiva, la coherencia permite articular la teoría con la práctica, es un elemento fundamental para que el líder resulte creíble, íntegro y estimule al

HABILIDADES DEL CONOCIMIENTO

equipo a actuar de igual forma, ya que es precisamente esta coherencia la que genera confianza en el grupo, y a su vez es esta confianza la que facilita la comunicación y la influencia que permite el logro de resultados comunes.

¿Por qué los líderes deben ser coherentes? Porque el liderazgo es una responsabilidad en la cual el líder debe priorizar los intereses colectivos frente a los propios o personales. En especial, debe dirigir acorde a la misión, visión y valores de la organización, y para poder hacerlo de forma coherente, tiene que asegurarse de ejercer su función de liderazgo en una empresa u organización que comparta sus valores.

Ahora bien, como esta elección muchas veces no es tomada considerando estos aspectos, sino que a la hora de elegir en qué empresa trabajar los directivos eligen proyectos laborales basados en otros aspectos, termina sucediendo que esta ausencia de coherencia los convierte, en el mejor de los casos, en buenos gestores, pero líderes mediocres y así es como ante la ausencia de sintonía entre propósitos y valores, terminan sin liderar sino ejerciendo el poder ¡dos cosas completamente distintas!

Historias personales: Hablo con mi propio ejemplo

Por eso, en relación con esta característica tan importante como es la coherencia, elegí dos situaciones para compartirles entre las tantas que he tenido, donde quedan de manifiesto la coherencia en mis actos y decisiones, entre mi manera de pensar, sentir y actuar.

La primera tuvo lugar allá por una crisis que me tocó manejar, en el 2008, donde las economías del mundo fueron golpeadas a partir de la quiebra del cuarto banco de inversión de Estados Unidos, *Lehman Brothers*, caída que junto a la de otras instituciones traería importantes consecuencias para el sistema financiero mundial, que se sumaban al colapso de la burbuja inmobiliaria iniciada dos años antes, que comenzó a manifestarse dramáticamente a inicios de ese año, impactando primeramente en el sistema financiero estadounidense, y luego en el internacional.

Adicionalmente, los elevados precios de las *commodities* se desplomaron, y los países proveedores de alimentos y energía al sistema económico mundial vieron reducidos drásticamente sus ingresos.

A la disminución de ingresos proveniente por la caída internacional del precio de las materias primas, se sumó la baja ocasionada por la menor demanda de los mismos, un combo perfecto para la situación vulnerable de nuestro país.

Por supuesto, que la empresa que lideraba, a pesar de estar sana económica y financieramente, sufrió el impacto de la contracción de los mercados latinoamericanos donde desarrollábamos nuestro negocio, y para poder alcanzar el margen de *EBITDA* que nos habíamos comprometido con los accionistas en el *Budget* aprobado para ese año. En octubre

HABILIDADES DEL CONOCIMIENTO

tuvimos que implementar un ajuste de algunas líneas de costos que no impactaran directamente en el negocio, pero que a su vez tengan un peso específico significativo. Por ello del análisis resultó que debíamos recortar el importe asignado a la partida de *Travel & Expenses*, utilizada, como sabrán la mayoría de ustedes, para los gastos de pasajes aéreos, hospedajes y comidas en los viajes de negocios.

Fue así como dejamos de cumplir con la política establecida, la que quedó temporalmente suspendida, hasta tanto la economía comenzara a ceder en su crisis y el negocio permitiera acomodarse.

Si bien, es verdad que al eficientizar los tiempos de quienes viajábamos y teníamos una agenda agitada, en general se coordinaban los vuelos por la noche (sobre todo para los que estábamos basados en Sudamérica, donde movernos casi a cualquier lugar del mundo significaban más de 6 horas de vuelo) lo cual permitía estar a primera hora produciendo en la oficina de otra ciudad ya sea atendiendo una reunión, cerrando un contrato o llevando adelante una negociación importante. Pero para estar lúcido y con las energías suficientes que permitan alcanzar un buen desempeño, lo recomendable es volar en categoría *Business*, que permite a nuestro cuerpo y nuestra mente descansar lo más y mejor posible.

La política de *T&E (Travel & Expenses)* de la de compañía, preveía diferentes categorías de tickets considerando básicamente dos situaciones: los kilómetros recorridos y el seniority de quien realizaba el viaje. Sin embargo, había excepciones, como situaciones de salud u objetivo del viaje que pueden contemplar cambios de categoría. Pero esta situación económica, nos obligaba a bajar las categorías de viajes, donde la diferencia de precios entre los *tickets Business y Economy* son importantes. Hago esta mención porque al eficientizar costos, siempre se debe ser muy cuidadoso de no incurrir en decisiones no efectivas y antipáticas como el cambio de la marca de café que aporta más perdidas de las que podemos imaginar. Pero esta no era la situación, por lo que los tickets se redujeron a *Economy* en todos los casos y dependiendo de las distancias de vuelo y el acuerdo con cada empleado, se programaba con un día de anticipación la llegada a destino para poder alojarse una noche de hotel previo a comenzar el trabajo que lo había llevado a viajar al exterior.

Los cambios en las políticas de viaje afectan principalmente a las áreas de ventas y al CEO, que son los que viajan con más frecuencia, si bien existen viajes de otros ejecutivos como CFO, COO, SVP HR y SVP Legal, en general las compañías al tomar este tipo de decisiones eximen a la primera línea, dejando que solo queden afectados de llevar adelante el ajuste el resto de los empleados.

Pero en esta oportunidad, era yo quien estaba liderando la empresa y no se me sentía a gusto con la decisión de excluir a la primera línea de ejecutivos o excluirme (como lo habían sugerido los accionistas) ya

HABILIDADES DEL CONOCIMIENTO

que no me resultaba para nada coherente implementar esta norma que afecte a todos los empleados, mientras yo seguía viajando en Primera o Business, por la sencilla razón que a la empresa la llevamos adelante entre todos y todos realizamos funciones diferentes, pero no menos importantes.

Por ello, accioné en dos sentidos, por un lado reuní a los directores y les comuniqué mi decisión, la mayoría estuvo de acuerdo, una de las directoras se excusó por su edad y recibí algún otro intento de resistirse al que no hice lugar, invitándolo a que de no estar de acuerdo con la medida podía bien reemplazar su lugar de viaje por alguien de su equipo o aportar de sus millas para subir a la siguiente categoría que deseara (generadas por la propia actividad de viajero frecuente).

También instruí a mi secretaria para que las gestiones de viajes de todos los empleados, sin excepción, se realizaran en categoría *Economy* hasta tanto la empresa mejorara sus finanzas.

Por esa razón, durante más de 2 años, viajé en *Economy* y discutí con más de un director de la empresa que exigía un trato preferencial, cediendo en alguna oportunidad a la directora que siendo mayor de edad presentó algún problema de salud que le impedía viajar en determinadas condiciones.

Esta simple decisión que pone de manifiesto nuestra coherencia entre lo que decimos y lo que hacemos como directivos dando el ejemplo, tiene más impacto en las personas, equipos y compañías, que muchas otras acciones de premiación o marketineras que tienen un efecto inmediato, pero que resultan efímeras y cortoplacistas.

La segunda situación que recordé al escribir este libro, fue al encontrar casualmente una fotografía en la computadora, donde nos encontrábamos, junto a un grupo de voluntarios, viajando a la escuelita que apadrinaba la compañía, a partir de incorporar en la empresa la estrategia del negocio sustentable de medios, donde el modelo de negocios es atravesado por el concepto del *Triple Bottom Line* por el cual se deja de medir solamente los resultados económicos de la empresa, sino que también incorpora el impacto de su actividad en el medio ambiente y en la sociedad.

Convencida desde mis entrañas, que el futuro de las empresas debe ser en un 100% sustentable, comencé a investigar, empecé a introducir prácticas sustentables que colaboraran de manera invisible al cambio de hábitos, que llevaran a la transformación cultural con el tiempo. Así es que me ocupé de implementar prácticas que ayudaran en la huella de carbono, miré detenidamente los contenidos que se emitían por nuestras pantallas, asegurándome que no irrumpan con nuestros valores, trabajamos en programas que cuidaran a los empleados, permitiendo su desarrollo y satisfacción en sus lugares de trabajo y muchísimas más acciones que llevaron a convertirnos en una de las primeras empresas que implementó una estrategia sustentable integral en la industria de

HABILIDADES DEL CONOCIMIENTO

medios.

Y en este recorrido de hacer silencioso, desarrollamos un programa de voluntariado corporativo, del que yo formaba parte como una integrante más. En ese espacio desarrollábamos diferentes actividades, organizábamos por ejemplo plantaciones anuales a las que asistía con mi niña y nos dábamos el lujo de transpirar plantando árboles.

También apadrinábamos una escuela en Calabacilla Entre Ríos, a la que ayudábamos desde su acondicionamiento, cocina, biblioteca, sala de computación y huerta, hasta útiles, ropa y comida para los estudiantes que con mucho sacrificio y entusiasmo asistían a diario.

Para ello realizábamos colectas entre el personal, buscábamos sponsors que colaboraran con productos necesarios, preparábamos actividades para llevar adelante con los chicos y organizábamos dos o tres viajes anuales, donde un grupo de voluntarios nos trasladábamos en la combi de la empresa.

Trabajábamos preparando materiales, cocinando cosas ricas para los chicos que nos esperaban con una enorme sonrisa, y los empleados que compartían una cercanía diferente al estar trabajando codo a codo conmigo, se asombraban y me lo decían, que nunca les había pasado y tampoco habían escuchado casos en los que el CEO de la empresa se involucrara directamente con temas que no eran competencia exclusiva de su función.

Sinceramente, esa era la coherencia mostrada en todo su esplendor, hacer exactamente lo que pienso y siento, lo que invito a otros a sentir y hacer. Desde ya, este tipo de situaciones genera un vínculo de confianza en las personas que lideramos, que no es comparable con ninguna otra acción que podamos realizar.

Virginia Wolff

Una mujer que me parece por excelencia un tributo a la coherencia es Virginia Wolff, quien, sufrió varias depresiones a lo largo de su vida, y la primera de ella fue a los 13 años con la muerte de su madre. En los años siguientes, además, fue víctima de abusos sexuales por parte de sus hermanastros, creándose en su interior una fuerte mentalidad de lucha contra el machismo que plasmó en su obra. Virginia Wolff fue una escritora británica que con sus novelas y escritos se convirtió en uno de los máximos símbolos del feminismo y modernismo literario del siglo XX. De hecho, su ensayo "Una habitación propia", que data de 1923, es uno de los textos más citados por el movimiento.

HABILIDADES DEL CONOCIMIENTO

Preguntas para tu propia reflexión

1. ¿Valorás la coherencia? de 1 a 10 ¿cuánto?

2. ¿Te considerás una persona coherente?

3. Si existe una política de ingresos y egresos ¿Registrás tus ingresos y egresos de la empresa?

4. ¿Tomás solo si te lo acerca tu asistente o te servís el café sin problema cuando tenés ganas?

5. ¿Participás de campañas solidarias? ¿Cómo? ¿Corriendo la maratón u organizando todo con tu equipo?

6. ¿Defendés decisiones, que pueden ser antipáticas, si estás convencida de que son las correctas?

7. Ante una crisis, ¿tomas el timón o te refugiás en la proa?

8. ¿Exigís a otros las cosas que a vos no te gustan hacer?

MARISA **PIÑEIRO**

TERCERA PARTE
¡PONERSE EN ACCIÓN!

> Si realmente quieres hacer algo, si crees en ello...
> simplemente sigue adelante, y el éxito vendrá solo.
> **Cassandra Sanford, Grupo KellyMitchell**

> Muchas mujeres viven como si se encontraran en un ensayo general. Señoritas, la cortina está arriba y ustedes están sobre el escenario.
> **Mikki Taylor, editor de la revista Essence**

MARISA **PIÑEIRO**

TERCERA PARTE ¡PONERSE EN ACCIÓN!

La mujer en el campo del trabajo

Las mujeres no ocupamos naturalmente un lugar de liderazgo, de hecho, en las últimas décadas, se ha avanzado en la participación de las mujeres en el campo profesional, empresarial y de las organizaciones en general, y así es como creció el número de mujeres en las diferentes dotaciones. Pero esos lugares son representados por la base de la pirámide organizacional, y en ocasiones están reservadas a determinadas áreas, pero difícilmente ocupan lugar de decisión, y son pocos los casos de mujeres liderando empresas como número uno.

Sin embargo, la diversidad está representada por la conformación de una paridad que resulta de la participación equilibrada de mujeres y hombres en posiciones de toma de decisiones tanto en el área económica como política y social.

Estoy convencida, al igual que muchos otros, que las mujeres deben desplegar su talento en las organizaciones y lograr ocupar las posiciones que desean, sin tener que lidiar con situaciones como los techos de cristal o con cualquier otro prejuicio.

Según el *Global Gender Gap Report 2016* producido por el Foro Económico Mundial, la paridad se lograría recién en aproximadamente 165 años. A la mayoría de las mujeres les preocupa acceder a posiciones de decisión en las organizaciones, principalmente por el nivel de dedicación horaria, y también, en mi opinión, pues se asignan más relevancia a las barreras culturales u organizacionales que a las personales.

Adicionalmente, una de las principales razones que detiene el desarrollo de las mujeres en las posiciones de decisión, o sea que estén fuera de convenio, es el salario, cosa que no sucede cuando las funciones son convencionales, donde la norma es igual a ambos sexos. Las mujeres en ese segmento ganan en promedio la mitad que los varones por igual trabajo y con igual nivel de responsabilidades y formación. Aun cuando, en la mayoría de los casos, las mujeres trabajan más horas.

En la Argentina la brecha promedio es del 25%[3] y a eso hay que sumar el impacto por el trabajo no remunerado, como son las tareas de cuidados, que amplia aún más este *gap*.

Otra problemática es la participación femenina en la fuerza laboral total, ya que solo el 58% logra trabajar mientras que en los hombres ese ratio alcanza al 79%.[4] Mientras la tasa de ocupación es de 21 pp (puntos porcentuales) más baja en mujeres que en hombres en el mercado del trabajo en general, hay 3 sectores

---

[3] Fuente Global Wage Report 2018/19
[4] Fuente RED Di Tella sobre base EPH-INDEC

TERCERA PARTE ¡PONERSE EN ACCIÓN!

como: son la enseñanza, la salud y el servicio doméstico donde son las mujeres las que mayor participación tienen. Pero cuando miramos las tasas de desocupación, entendiendo por esta el % que representa la cantidad de personas sin trabajo en relación con la población económicamente activa buscando trabajo, las mujeres están en 1,9 pp por encima de los hombres.[5]

Pero lo más significativo son los ratios relacionados con la cantidad de mujeres ocupando los puestos más altos de las organizaciones, que sigue estando en niveles muy bajos en términos generales. Mientras que solo el 37% de los puestos gerenciales son ocupados por mujeres, este porcentaje se reduce al 15% en posiciones de directores y posiciones ejecutivas, y solo el 5% de las mujeres acceden a posiciones de CEO o General Manager.[6]

Pero además de los números estadísticos, debemos agregar al análisis del contexto, las creencias o prejuicios, sobre ideas preconcebidas de cómo somos las mujeres, qué podemos y qué no podemos hacer.

Y hasta acá, luego de la información objetiva suministrada por las estadísticas, no puedo dejar de dar mi opinión subjetiva sobre el tema, tomando como base mi experiencia y también gran información reunida de muchas líderes diferentes, con quienes me

---

[5] Fuente RED Di Tella sobre base EPH-INDEC
[6] Fuente Grant Thornton (2017)

vinculé comercial, laboral, profesional o simplemente tuve la oportunidad de conocer. En este sentido vale señalar, que, si bien las mujeres contamos con un estilo diferente de liderazgo, este no es ni mejor ni peor que el de los hombres, aunque en las organizaciones en general el mismo sea desestimado pues se ve como menos efectivo y solamente porque se valoran más otros aspectos.

Es por esto por lo que me parece vital, distinguir, valorar y defender los diferentes estilos de liderazgo, donde el estilo de la mujer aporta un valor diferencial que las organizaciones no se pueden dar el lujo de rechazar, y que las mujeres deben aprender a defender y resaltar y no caer en la copia de modelos que han quedado obsoletos o nos resultan ajenos.

Los estereotipos son modelos mentales que limitan el desarrollo laboral y personal, tanto de mujeres como de varones dentro y fuera de las organizaciones.

Hacen falta nuevos modelos, nuevas ideas que permitan crear espacios realmente inclusivos, donde dentro de los diferentes aspectos de diversidad, el género es el primer capítulo.

Se trata de integrar, integrarnos hombres y mujeres, no me atrevo ni siquiera a invitar a fusionarnos ya que lo importante es no perder la riqueza que aporta cada una de las partes.

TERCERA PARTE ¡PONERSE EN ACCIÓN!

¿Cuáles son los obstáculos que enfrentan las mujeres?

Básicamente, las mujeres encuentran 3 tipos de obstáculos en su desarrollo, dos de ellos son del tipo exógeno o variables externas a nosotras y uno es endógeno o interno:

1. **Obstáculos del tipo estructurales o culturales.** Dentro de este primer grupo encontramos:

   - La discriminación hacia la mujer, ya que es un mundo androcéntrico, donde la mirada pone al hombre en el centro y la mujer queda relegada, subordinada al varón, lo que muestra que definitivamente nos desarrollamos en una sociedad discriminatoria.

   - La división sexual del trabajo que se traduce en la asignación de funciones y tareas laborales de acuerdo al género, así el varón es asignado al ámbito productivo y la mujer al ámbito reproductivo. Esta división de roles, donde uno se convierte en el productivo, el líder, el generador, el proveedor y el otro queda relegado a lo interno y amoroso de tareas de asistencia, limpieza y cuidado, da lugar a la jerarquización que hace que lo convierta en un punto neurálgico en cuanto a las asimetrías de poder que se generan.

- La división sexual que se traduce en roles de género en el interior de los hogares, generando una asignación inequitativa de tareas no remuneradas que recaen en la mujer.

2. **Obstáculos organizacionales.**

   Dentro de este grupo podemos mencionar:

- El espejismo de igualdad, donde se cree que están bien de genero por el hecho de que haya igual porcentaje o mayor porcentaje de mujeres que de hombres, lo que no muestra es que todas están ocupando posiciones en la base y cuando se sube en la pirámide, la participación de las mujeres cae drásticamente.

- El famoso techo de cristal, que es la limitación velada del ascenso laboral de las mujeres para ocupar lugares de dirección en el top management. Se trata de un techo que limita sus carreras profesionales, difícil de traspasar y que impide seguir avanzando.

- El no tan famoso, pero común síndrome de paredes de cristal que consiste en el encasillamiento de las mujeres a ciertos roles, que pueden llegar a dejar ocupar hasta gerencias pero que no permiten ascender más que hasta ese nivel de la organización, como por ejemplo recursos humanos, relaciones institucionales o responsabilidad social empresaria.

- La priorización de estilos de gestión y liderazgos masculinos, donde las organizaciones, creadas por hombres priorizan este modelo de conducción y liderazgo.

- La disponibilidad y movilidad plena en varones, donde son los hombres quienes se encuentran 100% disponibles para atender compromisos como cenas de negocios, campeonatos deportivos o viajes recurrentes, mientras que la mujer está más reservada al ámbito del hogar.

- Políticas corporativas sesgadas de género que alimentan las diferencias en este aspecto.

- Invisibilización de mujeres líderes referentes.

3. **Obstáculos personales.**

En general se tratan de creencias limitantes por parte de las mujeres, entre las que puedo mencionar:

- Falta de confianza, que genera una importante brecha respecto al género masculino.
- El miedo al éxito.
- Gran dificultad para reconocer el propio desempeño.
- Considerarse menos capaces que los hombres.
- Necesidad de demostrar sus capacidades con más trabajo.
- Desarrollo de gran sentimiento de culpa.
- Menor desarrollo del protagonismo.
- Falta de decisión para no acceder a oportunidades de desarrollo.
- Falta de coraje.
- No integrar el club donde se toman decisiones.
- No contar con igual o similar nivel de ambición de los hombres.
- Evitar posiciones desafiantes que las expongan a conflictos.
- Dificultad para conciliar la vida laboral con la vida privada.

TERCERA PARTE ¡PONERSE EN ACCIÓN!

¿Qué acciones están haciendo las mujeres?

En estos últimos años afortunadamente, existieron avances de las mujeres para ganar terreno en estos lugares, aunque no al ritmo o velocidad que me gustaría, pero al menos no hay ni mesetas ni retrocesos. Así es como se puede ver que la mujer ha comenzado a:

- Sensibilizar a los hombres sobre diversas dificultades.
- Mostrar que pueden ocupar puestos altos sin caer en la masculinización.
- Promover a mujeres en puestos desafiantes.
- Fomentar la ambición para contrarrestar la autolimitación.
- Provocar la generación de políticas organizacionales que promuevan la equidad de género.
- Desarrollar programas de mentoreo.

Liderazgo ¿arte o ciencia?

Definitivamente, liderazgo no es una ciencia exacta desde el momento en que se trata de personas y todas las personas no reaccionamos igual, eso nos confirma que liderar se trata de un arte donde el líder se adapta al equipo, buscando influir en las personas para que generen los resultados deseados, sin desatender las metas propias; liderar es entusiasmar, es contagiar, es motivar, liderar es desarrollar, es aportar visión, apoyo, supervisión, guía, es mostrar el camino y dar el ejemplo.

Si bien, las nuevas generaciones están trayendo y seguirán aportando equidad de género en los diferentes ámbitos, públicos y privados, aún queda un trayecto a recorrer, donde todo trabajo que pueda realizarse en este campo aportará beneficios en todos los sentidos.

Ya lo decía el genial Peter Druker, "La excelencia de un líder, se mide por la capacidad para transformar los problemas en oportunidades" y ¿quién más que nosotras las mujeres, sabemos de eso? cuando en el camino que nos toca recorrer en la vida vivimos topándonos con problemas que resolvemos de manera más sencilla, creativa y rápida que varios hombres.

Pero de nuevo, no se trata de ellos o de nosotras, se trata de ambos y se trata de armonizar y complementarnos con lo mejor que aportan ambos estilos. Ahora de cualquier manera, siempre se trata de arte.

TERCERA PARTE ¡PONERSE EN ACCIÓN!

Nuestro aporte

No soy machista, ni feminista, me encanta la diversidad, en mis equipos de trabajo disfruto mucho trabajar tanto con mujeres como con hombres, me encanta como nos complementamos y como nos contribuimos mutuamente.

Los hombres aportan el foco, la determinación, toma de riesgos, nosotras la empatía, la capacidad de análisis, la planificación, la organización, el sexto sentido, el multitasking, entre otras cosas.

Hasta la neurociencia explica algunas ventajas cognitivas que aporta la estructura cerebral de la mujer, como la corteza prefrontal, área cerebral encargada de las conexiones conectivas y ejecutivas más elevadas. Es la que regula todo lo que tiene que ver con la planificación, toma de decisiones y solución de problemas, y los estudios señalan que las mujeres claramente lo tienen mucho más desarrollado que los hombres. Así como se estudió que la de Einstein la tenía más desarrollada que el resto de los seres humanos.

Por otra parte, está repleto de estadísticas a nivel mundial, pero entre las principales que puedo mencionar, se encuentra la de OIT, que mide la brecha existente en la fuerza laboral activa, en el nivel de desempleo y la diferencia salarial, entre los indicadores más relevantes. Mientras que el *World Economic Forum* mide y estudia, entre otros, el GAP que existe entre el hombre y la mujer en diversos aspectos tales como política, educación y economía, además de medir la diferencia que existe en ocupar lugares de dirección. Los resultados, si bien muestran una mejora en el tratamiento de estas diferencias en los últimos años y con alguna de estas brechas prácticamente cerradas, como lo son los aspectos de formación, donde la misma se equilibrará en solo 12 años, lo que resulta ser un futuro relativamente temprano. Pero en el aspecto económico cerrar estas brechas en algunos casos demandará de 257 años, o sea que no lo verán ni nuestros hijos, ni nuestros nietos, ni bisnietos, y aunque esto parezca extremadamente desalentador, debemos seguir trabajando para asegurarnos que no se siga demorando este cambio.

Por otra parte, existen estudios que señalan que el incremento de la fuerza laboral de las mujeres y sobre todo en posiciones de dirección, permite mejorar los resultados sustentables de las compañías, o sea no solamente contemplando el aspecto económico, sino también el cuidado del medio ambiental y el desarrollo social.

Adicionalmente está comprobado que el incremento de las mujeres en las posiciones ejecutivas mejora todos los ratios de las empresas que lo han puesto en práctica.

TERCERA PARTE ¡PONERSE EN ACCIÓN!

Por último, la igualdad económica entre los hombres y las mujeres permitiría un incremento del 11% del Producto Bruto Mundial.[7]

Este mundo tiene lugar para ambos, solo que ellos supieron ocuparlo y nosotras no. Hasta ahora...

¡Líder no se nace, Líder se hace!

Parto de la base, que un líder debe cumplir con muchas características y habilidades, que puede ser que en algún caso las traiga de manera innata y que le resulte más sencillo aplicar, pero lo que quiero dejar absolutamente claro es que todas estas habilidades pueden aprenderse y desarrollarse, por eso lo más importante es la decisión, la determinación, la constancia, la actitud y la perseverancia para conseguirlo.

Por supuesto, se puede ser líder y jefe en algunos momentos ¿cuándo? cuando realmente la situación amerite ser directivo, pero lo que no es posible es a la inversa, así como menciona la publicidad de MasterCard: "hay cosas que el dinero no puede comprar", se dice que el liderazgo no lo compra el poder que otorga un cargo.

Por ello mi invitación en este libro es ¡llevarlas al

---

[7] Fuente McKinsey Institute

lugar de protagonistas y ponerlas en acción!

Ya hemos hablado de los famosos *stoppers*, que al trabajarlos nos habilitan plenamente a desarrollar lugares de decisión.

También he desarrollado, conceptual y de manera vivencial las 12 habilidades fundamentales que debes cargar en tu valija para comenzar a transitar un rol de liderazgo; dejando además una serie de preguntas reflexivas para que trabajes sobre tu autodiagnóstico, y te invites a reflexionar sobre el tema desarrollado para dar un salto, cualitativo y cuantitativo, que te permita alcanzar la meta.

Ahora es momento de ¡salir a la cancha! a jugar tu partido.

El lugar que siempre te recomiendo tomar, es el de protagonista, ese es el lugar que te permitirá accionar y avanzar, ya que el rol de víctima te paraliza, te achata y no te brinda ningún beneficio más que el de consolarte fácilmente por no alcanzar los resultados propuestos.

Además, de todas las barreras que mencionamos, que están presentes en el desarrollo de liderazgo femenino, sobre las que podemos traccionar son las barreras personales, ya que ni las culturales, ni las organizacionales dependen directamente de nosotras.

Así que, dicho esto, lo primero que recomiendo hacer es comenzar con el auto liderazgo, ya que si te pregunto: ¿quién es la persona más difícil de liderar en

TERCERA PARTE ¡PONERSE EN ACCIÓN!

este mundo? la respuesta no es el señor mayor de mantenimiento, ni la hija del dueño, la respuesta correcta es: uno mismo. Y si bien, la respuesta no es difícil, el lograrlo es lo que sí es bien complejo, pero… absolutamente necesario ya que en todo buen líder debe predominar:

- *Coherencia*: que nunca nos lleve a pedir algo que no soy o que nunca haría jamás.

- *Valores:* que nos den la base de principios, virtudes y cualidades que nos caracterizan como persona, que se consideran típicamente positivos o de gran importancia por un grupo social.

- *Visión:* es la cualidad fundamental del líder y, que para describir bien, voy a traer el pasaje de una fábula que me encanta y que habla de 3 albañiles donde, cuando se le pregunta al primero ¿qué está haciendo?, responde que está poniendo ladrillos, el 2do, ante la misma consulta, menciona que está levantando una pared y el tercero ante idéntica pregunta y situación, responde que construye una universidad, la primera del pueblo a la que asistirá su hijo y las próximas generaciones de jóvenes y niños.

- *Compromiso:* con una misma, el equipo y el objetivo personal y del proyecto.

- *Respeto*: por uno mismo y por el resto de los

individuos con los que interactúo en los diferentes roles de mi vida.

- **Responsabilidad**: sobre mis actos, cuidando las decisiones que tomo, llevando a cabo conductas que buscan mejorarse a uno mismo y ayudar a los demás.

- **Puntualidad:** que habla de respeto por mi tiempo y el tiempo de las otras personas.

- *Comunicación asertiva*: con la capacidad de poder comunicar adecuadamente el mensaje que se desea transmitir, desarrollando un excelente nivel de escucha y empatía.

- *Carisma:* que te permita generar atracción en otros. Acá es importante que sepas que las personalidades carismáticas es posible entrenarlas a través de mantenerse alertas y desarrollando la autoestima, evitando el stress, dominando el lenguaje corporal, desarrollando la expresión de los ojos, las manos, no quejarse y reproducir palabras amables.

- *Actitud*: es el ánimo con el que frecuentamos una determinada situación, puede ser negativa o positiva y acá está definitivamente el secreto, no solo de liderazgo sino en la vida. Por supuesto que cuando nos referimos a actitud, lo hacemos con relación a contar con una actitud positiva, la actitud que hace que sientas que ¡te podés llevar el mundo por delante!

TERCERA PARTE ¡PONERSE EN ACCIÓN!

Luego del auto liderazgo o tu liderazgo personal, se sube al siguiente escalón que se trata de trabajar el liderazgo interpersonal, que es ni más ni menos que el liderazgo uno a uno, que puede ser con un colega, un reporte directo, uno matricial (más difícil), con un profesional que presta servicios externos y hasta incluso con tu jefe.

El próximo paso es el liderazgo de equipos, donde se puede liderar diferentes personalidades, diferentes formaciones, diferentes culturas, diferentes sexos, diferentes edades, diferentes seniorities, donde la articulación del alcance de objetivos en armonía es el arte mismo de liderar.

Por último, se trata de liderar múltiples equipos, que se conjugan en una organización, con objetivos propios alineados al principal, es el último escalón en las fases de liderazgo.

Así es como en la evolución de un líder, primero se trata de dedicarse a hacer las tareas y funciones de su rol, luego de superada esta etapa, comienza a gerenciar tareas de otros y por último se prepara para liderar, a otras personas con metas propias, de equipo y organizacionales, donde el arte es alinearlas y hacer que todas funcionen bien y de manera articulada.

En el camino del liderazgo las invito a que logren desarrollar el empoderamiento, que significa "tener poder para" fundamental para tomar la llave que abre las puertas en tu camino.

También deberán desarrollar un buen nivel de

autoestima, en donde, si bien los padres juegan un papel fundamental, luego existen instancias donde nosotras podemos poner todo lo necesario y hacer que la autoestima funcione, con empatía, escucha y mucho trabajo y perseverancia.

Ahora bien, es fundamental que busques portar la llama, que es generada básicamente por algún movilizador central en tu vida, en general este puede ser el hambre de alcanzar algo que no tuviste o la sed de gloria o altruismo que te permite soñar y trabajar para un mundo mejor.

Así, debes de ir en busca de la explosión que produce contar con el desarrollo de las habilidades de corazón, cerebro, y coraje, y el combustible para poder decidir, vender, negociar, manejar las finanzas, desarrollar redes con coherencia, sin sentir culpa, dinamitando techos de cristal, con la determinación de ocupar el lugar que quieres ocupar, ¡sin temor a errar!

¡Recordá siempre algo! a los grandes deportistas que obtuvieron récords los une un secreto "no temen a errar", ellos ven al error como un resultado posible y nada más. Así es que Kobe Bryant a su récord de mayor cantidad de tiros fallados dijo "No me importa". El escolta de los Lakers fue el jugador que más tiros ha fallado en la historia de la NBA.

Llegar alto tiene un precio: debes intentar todo, muchas acciones irán afuera del arco, pero nunca temas errar ya que el miedo es sabio, nos importa y nos afecta. Pero saber vivir y convivir con el miedo a

TERCERA PARTE ¡PONERSE EN ACCIÓN!

errar es la llave. Vivir plenamente, saber imponerse, no decir que sí a todo, no temer el rechazo ni a volver a empezar. Al contrario de lo que el sentido común dice, que arriesgarse a perder es importante, creo.... que arriesgarse a no ganar es la llama que hay que portar.

¿Para qué intentarlo? Para eso justamente, para ¡no temer a errar y dejar lo mejor de nosotras! siempre hay un aprendizaje, que no estará sino se intenta. Así es que los deportistas más exitosos siempre se enojaron con quien no lo intenta, pero nadie se enoja con quien lo intenta.

¡Intentar es la llama!

Intentar es hacer el esfuerzo y los pasos necesarios para realizar algo o lograr cierto objetivo o fin, sin tener la certeza absoluta de conseguirlo.

Intentar sin certeza produce precisamente la certeza necesaria para avanzar.

¡Salí a la cancha y transpira la camiseta! ¡Andá a conquistar ese lugar que es para vos!

Metele toda la pasión, una dosis de coraje, el conocimiento que hayas acumulado y la actitud que tengas y la que consigas por ahí ¡también! y créeme, que a lo sumo le errarás la primera o la segunda vez, pero con constancia, resiliencia y una buena guía, no hay forma de que no lo consigas =).

Algunos tips para liderar

- ***Aprovechar las cualidades femeninas:*** son aquellas asociadas culturalmente a las mujeres. Empatía, bondad, compasión, constancia, que no están asociadas al liderazgo tradicional, pero son indispensables para los buenos líderes en un mundo cada vez más conectado.

- ***Ser auténtica:*** No ocultar quién soy en pos de ocupar lugares que tengan modelos masculinos.

- ***Alinear los valores corporativos con los valores personales:*** Trabajar por un propósito que no encaja con el propio siempre es agotador.

- ***Compartir tu historia:*** Los líderes tienen historia de cómo lo hicieron. Eso acerca a los equipos. En el caso de las mujeres aún más. Sé generosa y compartí cómo lograste llegar hasta el lugar en donde estas y donde te propones llegar.

- ***Despliega tu visión enfocándote en el cuadro completo:*** Tener en cuenta los objetivos ayuda a bajar la presión.

TERCERA PARTE ¡PONERSE EN ACCIÓN!

- ***Desarrolla tu coraje:*** Movete y salí de la zona de confort para ¡ponerte en acción! Solo respirando profundo e intentándolo una y otra vez, lograrás cruzar la línea del miedo y alcanzar el éxito.

- ***Levantemos la mano:*** Significa que además de esperar que los líderes registren nuestras propias habilidades, competencias y resultados, seamos nosotras las que pidamos los proyectos que queremos liderar.

Acciones inmediatas para hacer

- ✓ Buscar mentores que nos acompañen a largo plazo.
- ✓ Escribir un libro, ayuda a ordenar las ideas.
- ✓ Entender los problemas que podemos resolver, por favor ser concretas y certeras.
- ✓ Analizar cómo desarrollar vínculos.
- ✓ Actuar con transparencia y coherencia siempre.
- ✓ Dejar que los sueños se conviertan en realidad.

Algunas frases para atesorar

"Nadie puede hacerte sentir inferior, sin tu consentimiento"
ELEANOR ROOSEVELT

"No deseo que las mujeres tengan poder sobre los hombres sino sobre si mismas"
MARY WOLLSTONECRAFT

"Si dejas salir tus miedos tendrás más espacio para vivir tus sueños"
MARILYN MONROE

"Si buscas resultados distintos, no hagas siempre lo mismo"
ALBERT EINSTEIN

TERCERA PARTE ¡PONERSE EN ACCIÓN!

Luego de la lectura completa del libro, te invito a que cada una de estas frases, se conviertan en el disparador de un nuevo camino y una nueva mujer, que te permita construir una autoestima tan fuerte que nadie pueda hacerte sentir inferior; un empoderamiento que te brinde el poder necesario para hacer todo lo que te propongas, con muchos menos miedos y muchos más sueños.

Me leíste bien, te estoy invitando a construir tu nueva vida ¿cuál? la que quieras, la que soñás, la que pensaste una y mil veces que era para otros, para otras... y hoy estas acá, con mi libro entre tus manos, que llego por un motivo: el darte la oportunidad de ocupar ese lugar y ¡entrenarte para ello!

¿Cómo empezar?

¡¡Haciendo!

¡Comienza AHORA!

Escríbeme y contáctame por LinkedIn para incorporar esta metodología en tu organización.

¿Cómo?
La habilidad, la experiencia, el foco y la osadía de un mentor determina los "pares" a desarrollar en cada ejecutivo, y cómo desarrollar "pares" en mandos medios.

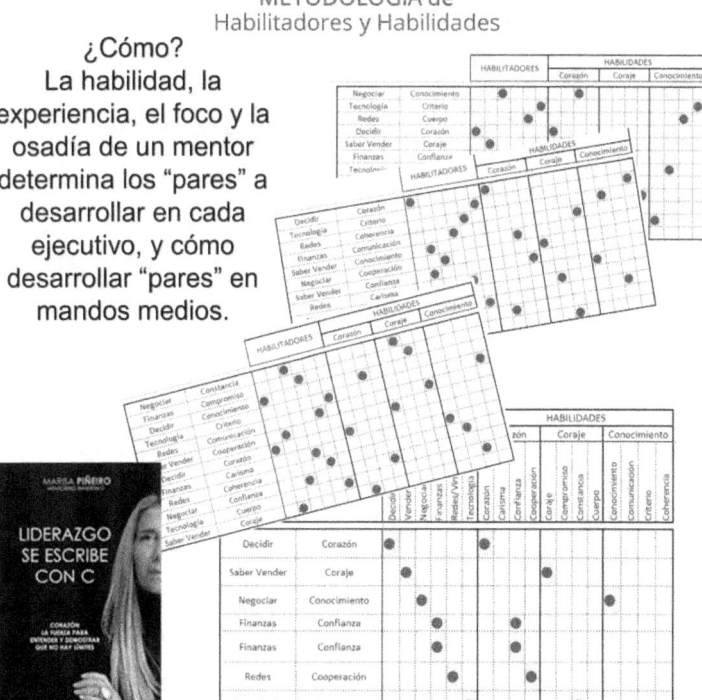

METODOLOGÍA de Habilitadores y Habilidades

MARISA **PIÑEIRO**

¿Cómo empezar?

MARISA **PIÑEIRO**

MARISA PIÑEIRO BIOGRAFÍA

https://www.linkedin.com/in/marisapineiro

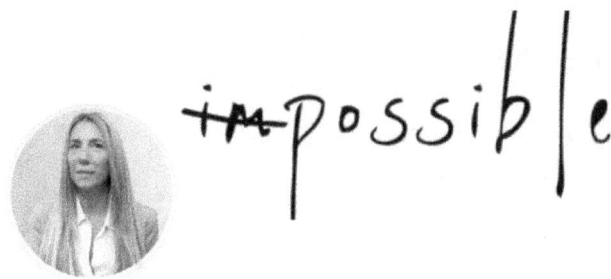

Ejecutiva con vasta experiencia en la industria de medios del ámbito local e internacional.

- Lideró importantes empresas multinacionales, llevó adelante grandes procesos de *startup* y grandes reestructuraciones.
- Brindó conferencias internacionales en temas vinculados a su campo de dominio.
- Implementó exitosamente programas de *Compliance*.
- Desarrolló e implementó metodología de Planeamiento Estratégico y BSC.
- Creó y puso en marcha una estrategia de gestión de medios sustentable.
- Participó en la transformación de la gestión de medios públicos desempeñando el rol de Directora de Recursos Humanos de RTA SE, grupo de Medios

Públicos que está integrado por la Televisión Pública y Radio Nacional, con sus 49 emisoras distribuidas en todo el país, con una dotación de 3.000 empleados al inicio de la gestión, además del asesoramiento a Télam agencia de noticias del estado y al ministro Hernán Lombardi, a cargo del sistema de Medios Públicos.
- Participó en diferentes proyectos de mentoreo de mujeres profesionales tanto corporativas como emprendedoras y forma parte de varias organizaciones que trabajan en el desarrollo y empoderamiento de la mujer, tales como:
    o Vital Voices
    o All Ladies League
    o World Economic Forum
    o Mujeres Lideres
    o ISFP
    o FAME
- Durante el 2020 se encuentra presidiendo el capítulo argentino de CERTAL Centro de Estudios Regulatorios para el Desarrollo de las Telecomunicaciones y al Acceso a la Sociedad de Información de América Latina.
- Creadora de un Foro de Mujeres Lideres de Latinoamérica, que denominó Mujeres en Positivo cuyo propósito es trabajar el empoderamiento, desarrollo, emprendedurismo, equidad y visibilidad de la mujer y sus habilidades.
- También creó y desarrolló la idea y producción general del programa que será uno de los canales de comunicación de este Foro, donde se entrevistarán diferentes líderes del campo de la política, educación,

empresa, cultura, emprendimientos y organizaciones sociales de América Latina.

Formación Académica

En cuanto a su formación académica, Marisa es Contador Público Nacional y Licenciada en Administración - UNLZ (1996), distinguida con medalla de oro y mención especial por promedio académico: 8.9.

En su formación ejecutiva se destaca su formación en:

- Master Estratégico en Dirección de Recursos Humanos - UCES (2005).
- PDD – Programa de Desarrollo Directivo – IAE (2011)
- PERH – Programa Ejecutivo de Gestión de Personas – IAE (2009)
- Postgrado en Management – UB (2006)

Postgrado en Legislación Laboral – USAL (2000)

www.ingramcontent.com/pod-product-compliance
Lightning Source LLC
Chambersburg PA
CBHW071353210526
45465CB00001B/79